The Wisdom of Wall Street

월가의 지혜
투자의 격언
365

월가의 지혜 투자의 격언

365

The Wisdom of Wall Street

박정태

매일 한 문장씩 배워나가는 시장의 가르침

굿모닝북스

0101
시장과 바다

Like the ocean, the stock market is never still.
주식시장은 바다와 같아 한 순간도 가만있지 않는다.

조류는 밀려들어왔다가 나가고, 그 사이사이에는 파도가 치기도 하고 폭풍우가 몰려오기도 하고, 바람조차 멈추는 휴지기도 있다. 경제 역시 주기적으로 확장과 침체를 반복하지만 때로는 갑작스런 돌발 변수로 큰 충격을 받기도 하고, 경기가 좋아질지 나빠질지 전혀 예상할 수 없을 때도 있다. 경기가 호전될 것으로 기대되면 주가가 오르다가 막상 경기가 좋아지면 주가가 지지부진해지기도 하고, 거꾸로 경기는 살아나지 않았는데 주식시장이 먼저 상승세를 타곤 한다. 주식시장의 움직임은 이처럼 한 순간도 가만히 있지 않는다. 그럴수록 대비하고 있어야 한다.

❦

예측할 수는 없지만 준비할 수는 있다.
You can't predict. You can prepare.

뿌린 대로 거둔다

You get what you pay for in the stock market.

주식시장에서는 당신이 투자한 만큼만 가져갈 수 있다.

세상살이 모든 분야가 마찬가지지만 주식시장 역시 정직하다. 무조건 싼 주식이라고 해서 좋은 건 아니다. 대개의 경우 싼 주식보다는 비싼 주식이 내재가치나 성장성 면에서 훨씬 더 뛰어난 경우가 많다. 고가의 우량주는 이미 기관투자나 큰손들이 많이 매수했기 때문에 주가가 높은 것이다. 반면 싸구려 주식은 얼마 안 되는 돈으로 도박하듯 주식에 투자하는 무지한 대중들이나 매수할 뿐이다. 비싼 주식에는 다 그럴 만한 이유가 있다. 시장성이 탁월한 독점적인 제품을 갖고 있거나 뛰어난 성장 잠재력이 있는 것이다. 싸구려 주식에는 이런 강점이 없다.

༄༅

뿌린 대로 거두는 법이다.

As you sow, so you reap.

미운 오리새끼

The greatest investment profit comes when an ugly duckling becomes a swan.

최고의 투자 수익은 미운 오리새끼가 아름다운 백조로 다시 태어날 때 얻어진다.

혹시 이런 경험 없는가? 자신이 투자한 미운 오리새끼 같았던 주식이 어느 날 시장에서 가장 인기 있는 아름다운 백조로 변신했던 경우 말이다. 주식 투자자에게는 그 무엇과도 바꿀 수 없는 가장 기쁜 순간이 바로 이럴 때다. 아무도 거들떠보지 않던 기업이었지만 숨어있는 잠재력 하나를 믿고 투자했는데, 얼마 지나지 않아 시장에서도 그 회사의 뛰어난 원가 경쟁력과 개발 능력, 탁월한 경영진을 재평가하게 됐다. 그러자 주가도 하늘 높이 비상한 것이다. 그러나 미운 오리새끼에 투자하려면 용기가 필요하다.

모험을 하지 않으면 아무것도 얻을 수 없다.
Nothing venture, nothing have.

선택과 집중

Don't try to be a jack of all investments.

투자한 모든 자산에서 전부 대박을 터뜨리려고 하지 말라.

투자를 하나의 게임으로 보면 그 성패는 남들보다 얼마나 더 빠르고 정확하게 미래를 내다볼 수 있느냐에 달려있다. 주식 이 됐든 상품이 됐든 부동산이 됐든 마찬가지다. 최종 승부 는 여기서 난다. 그렇다면 어떻게 할 것인가? 한 가지 방법은 자신이 가장 경쟁력 있는 분야로 투자 범위를 좁히는 것이다. 이건 분산 투자와는 차원이 다른 문제다. 어차피 모든 분야 를 다 예측하려고 하는 것은 무리다. 그런다고 리스크가 줄 어드는 것도 아니다. 오히려 전문성이 떨어지는 분야에 덤벼 들었다가 실패할 가능성만 더 키울 수 있다. 중요한 건 선택 과 집중이다.

❧

자신이 가장 잘 아는 분야에 집중하라.

Stick to the field you know best.

안전성과 수익성

The best way to spot investment fraud is the promise of safety and very high returns.

가장 그럴듯한 투자 사기극은 안전성과 높은 수익성을 함께
약속하는 것이다.

만일 누가 이런 식으로 투자를 권유한다면 뒤도 돌아보지 말고 도망치는 게 좋다. "원금은 절대적으로 안전하고, 1년에 최대 100% 수익이 가능합니다." 왜냐하면 이런 투자처는 있을 수 없기 때문이다. 역사적으로 수익률과 리스크의 관계는 아주 분명했다. 더 높은 수익률은 추가적인 리스크를 부담할 때만 얻을 수 있다. 따라서 상대적으로 높은 수익률을 원한다면 이따금 상당한 손실을 입을 것을 각오해야 한다. 한꺼번에 두 마리 토끼를 쫓을 수는 없다.

☙

무조건 안전하기를 원한다면 낮은 수익률에도 만족해야 한다.
If you want perfect safety, resign yourself to low return.

모를 때는 물어가라

Seek professional advice for your investment.
투자 전문가의 자문을 구하라.

모를 때는 물어가는 게 상책이다. 제대로 알지도 못하면서 무작정 덤비는 것만큼 어리석은 일도 없다. 주식시장에서는 특히 그런데, 자칫 엉뚱한 길로 들어서면 혹독한 대가를 치러야 하기 때문이다. 주변을 살펴보면 투자 조언을 해줄 전문가는 의외로 많고 그 방식도 무척 다양하다. 증권회사나 은행 직원으로부터 단순한 조언을 들을 수도 있고, 자산운용회사나 투자자문회사에 투자 자금의 운용을 통째로 맡길 수도 있다. 잘 아는 전문가를 찾을 수 없다면 괜찮은 책을 읽는 것도 한 방법이고, 인터넷에서도 좋은 정보를 얻을 수 있다. 구하면 방법은 얼마든지 있다.

뜻이 있는 곳에 길이 있는 법이다.
Where there is a will there is a way.

시장은 항상 옳다

Markets are never wrong, opinions often are.
시장은 절대 틀리지 않는다. 사람들의 의견은 자주 틀린다.

시장의 추세는 우리가 그것에 맞설 때조차 강력하게 작용한다. 일정 기간 주식시장이 확실한 추세를 이어왔다면 강세 혹은 약세 뉴스 하나가 나온다 해도 시장에 거의 영향을 미치지 못한다. 이런 시기에는 개인적인 의견은 철저히 무시한 채 오로지 시장 그 자체의 움직임에만 주의를 기울여야 한다. 사람들의 의견이란 시장이 그대로 움직여주지 않는 한 전혀 쓸모없는 것이다. 아무도, 아니 어떤 세력도 오늘 시장을 만들어낼 수 없고 무너뜨릴 수 없다.

❧

시장은 항상 옳다. 틀리는 건 사람이다.
The market is always right. It is the player who is wrong.

쉽게 번 돈에는 날개가 있다

The easy money takes wing.
쉽게 번 돈은 금방 날아가버린다.

주식 투자자가 진짜로 조심해야 할 시기는 손실을 봤을 때가 아니라 큰 수익을 거뒀을 때다. 그것도 자신의 노력이 아니라 운이 좋아서 큰돈을 벌었을 때 특히 조심해야 한다. 주식시장에서 돈을 날리는 첩경은 자신의 능력을 과신하는 것이다. 주식 투자로 돈을 벌기가 얼마나 어려운가는 노련한 투자자일수록 잘 안다. 하지만 돈을 잃기는 너무나 쉽다. 한 순간만 방심하면 애써 거둬들였던 수익이 허무하게 다 사라져버린다. 지난번 거래에서 아무리 높은 수익률을 기록했다 하더라도 새로 시작하는 투자는 반드시 독립적으로 판단해야 한다.

쉽게 들어오면 쉽게 나가는 법이다.
Easy come, easy go.

아는 길도 물어가라

Get information before you invest, not after.
투자한 다음이 아니라 투자하기 전에 정보를 수집하라.

미리 대비하는 것만큼 중요한 것도 없다. 시장 상황이 일견 우호적으로 보일지라도 진짜 매력적인지 다시 한번 살펴보는 신중한 자세가 필요하다. 그런다고 손해나는 것도 아니다. 오히려 완벽한 조건이 나타날 때까지 참고 기다리다 보면 훨씬 더 나은 기회가 나타나기도 한다. 일단 투자를 한 다음에는 후회해도 소용없다. 투자하기 전에는 아무리 오랫동안 관찰하고 연구하고 시험해봐도 상관없다. 주식시장에서는 좌고우면(左顧右眄)한다고 해서 누구도 탓하지 않는다. 아는 길도 물어서 가는 게 상책이다.

돌다리도 두드려보고 건너라.
Look before you leap.

투자는 생존을 위한 전투

Successful investment is a battle for financial survival.
성공적인 투자란 경제적 생존을 위한 전투다.

1930년대 대공황기에 초판이 출간된 《목숨을 걸고 투자하라 The Battle for Investment Survival》의 저자 제럴드 로브가 강조한 말이다. 주식 투자를 하겠다고 마음 먹었다면 자신이 왜 투자를 하는지, 어떤 목표를 이루고자 하는지, 목표 달성 기간은 얼마로 잡을 것인지, 리스크는 얼마나 부담할 것인지를 먼저 확실히 정해두어야 한다. 그저 주식시장에서 돈 좀 벌어보겠다고 덤벼들어서는 결코 좋은 성과를 거둘 수 없다. 성공 투자를 위해서는 무엇보다 투자의 세계에서 살아남는 법을 배워야 한다.

✺

늘 현재의 결과가 아니라 최후의 결과를 염두에 두라.
The investor must think in terms of ultimate rather than current results

발견과 인정

Recognition is preferable to discovery on Wall Street.
주식시장에서는 발견보다는 인정이 낫다.

아무리 명석한 두뇌로 빼어난 분석을 한다 해도 그것을 다른 투자자들이 믿어주지 않는다면 아무 소용도 없다. 주식 투자의 목적은 그저 자기 마음에 드는 종목을 선택해 장롱 속에 보관해두려는 게 아니다. 의자 빼앗기 놀이처럼 남들보다 한발 앞서 가치 있는 주식을 차지하는 것이 주식 투자의 진짜 목적이다. 여기서 가치란 그 주식의 내재가치가 전부는 아니다. 그 가치가 나에게 수익을 주려면 다른 사람들도 그 가치를 인정해주어야 한다.

모두가 인정해줄 때 수익은 저절로 따라온다.
Recognition is its own reward.

혼자 힘으로 생각하라

Never ask the barber if you need a haircut.

이발사에게 이발할 때가 되었는지 묻지 말라.

워런 버핏은 이렇게 말하면서 성공 투자란 원래 독립적으로 이루어지는 것이라고 강조했다. 주식 투자 역시 개척자 정신이 있어야 한다는 말이다. 버핏은 버크셔 해서웨이의 투자위원회도 자신과 찰리 멍거, 이렇게 단 둘이서 운영했고, 때로는 멍거마저 제외시키곤 했다. 그래서 중대한 의사결정의 순간 거울을 들여다보면서 거울 속의 자신과 함께 결정했다고 농담처럼 고백하기도 했다. 누구한테 이런저런 종목의 투자 권유를 받아서 성공하는 경우는 없다. 주식 투자는 어렵고 힘들다. 아무도 나를 위해 대신 고민해주지 않는다.

혼자 힘으로 생각하라.

You have to think for yourself.

아무도 알 수 없는데

**Only a foolish investor hopes to buy stocks
at the lowest and sell them at the highest.**

어리석은 자만이 바닥에서 사서 천정에서 팔려고 한다.

주식시장이 최저점을 기록하고 난 뒤 한참이 지나서야 우리는 비로소 그것이 이번 약세장의 바닥이었다는 사실을 안다. 또 이미 지나간 고점을 돌아보지 않고서는 이번 강세장이 천정을 쳤는지 여부를 확인할 수 없다. 시장의 불확실성을 이해한다면 누구도 약세장이 얼마나 더 이어질지, 강세장이 어디까지 갈 것인지, 언제가 주식을 사고 팔아야 할 최적의 타이밍인지 감히 말하지 않을 것이다. 시장의 정점과 바닥은 만들어진 뒤 어느 정도 시간이 지난 다음에야 알 수 있기 때문이다.

강세장과 약세장이 얼마나 이어질지는 아무도 알 수 없다.
No one can tell how far a main advance or decline will go.

탐욕의 물결

The greed itch begins when you see stocks move that you don't own.

탐욕은 내가 가지고 있지 않은 주식이 오를 때 시작되는 것이다.

주식시장을 지배하는 감정은 탐욕과 두려움이다. 강세장이 무르익기 시작하면 탐욕의 물결이 서서히 일어나는 것을 느낄 수 있다. 합리적으로 생각해보면 주가가 이미 상당히 올라버린 고점에서는 아무도 사고 싶어하지 않아야 한다. 한데 많은 사람들이 그렇게 하고, 그러다 보니 고점이 만들어지는 것이다. 《군중심리The Crowds》의 저자인 구스타브 르봉은 군중의 특성으로, 남들보다 뒤떨어지고 싶어하지 않는 마음이 빠르게 전염된다는 점을 들었다. 그러니 이 격언을 더욱 깊이 새겨둬야 한다.

❧

투자자 모두가 이길 수는 없는 법이다.
All players cannot win.

잡초를 뽑으라

You won't improve results by pulling out the flowers
and watering the weeds.

꽃은 뽑고 잡초에 물을 준다면 좋은 결과를 얻을 수 없다.

마젤란 펀드 신화를 일군 전설적인 펀드매니저 피터 린치가 그의 저서 《전설로 떠나는 월가의 영웅One up on Wall Street》에서 한 말인데, 이런 우를 범하는 투자자들이 의외로 많다. 단지 최근에 많이 올랐다고 해서, 혹은 주가 상승으로 인해 전체 포트폴리오에서 차지하는 비중이 너무 커졌다고 해서 최고의 주식을 팔아 치우는 것이다. 사실 어떤 종목을 팔고 어떤 종목을 살 것인가의 결정은 과거의 수익률이 아니라 현재의 주가와 대비한 미래의 기대 수익에 따라 이뤄져야 한다.

❧

주식의 양보다 질에 집중하라.

Focus on the quality of stocks rather than the quantity of stocks.

가치를 안다는 것

The market is not like a balloon plunging hither and thither in the wind.

주식시장이란 바람에 따라 이리저리 날리는 풍선 같은 게 아니다.

언뜻 보면 모든 종목의 주가가 다 함께 출렁이는 것 같지만, 궁극적으로 주가는 가치를 따라가는 법이다. 주식의 가치는 매일매일의 주가 등락에는 아무런 영향도 미치지 못한다. 그러나 가치는 장기적으로 주가에 결정적인 영향을 미친다. 이 말은 〈월스트리트저널〉의 창간 발행인이자 다우존스 지수를 창안한 찰스 다우가 남긴 것인데, 월스트리트 최초의 애널리스트로 불리기도 했던 다우는 이렇게 덧붙였다.

❧

가치를 안다는 것은 시장의 흐름을 이해하는 것이다.
To know values is to comprehend the meaning of movements in the market.

매매가 너무 잦으면

Invest! Don't trade or speculate.
투기적 매매가 아닌 투자를 하라.

무슨 일이든 긴 안목을 갖고 멀리 내다보는 자세가 필요하다. 주식시장에서도 매일같이 주가가 등락할 때마다 사고 팔기를 반복하는 데이 트레이더보다는 한번 주식을 매수하면 특별한 일이 없는 한 1년 이상 보유하는 투자자가 더 나은 성과를 거둔다. 여유 있는 자세를 가져야 시장 흐름을 제대로 파악할 수 있고, 해당 기업과 내재가치에 대해서도 충분히 이해할 수 있다. 그래야 감정에 휘둘리지 않고 일관성을 유지할 수 있다. 너무 자주 거래하는 것은 투자가 아니라 투기적 매매일 뿐이다.

❧

거래가 잦을수록 손실도 커진다.
Many trades, many losses.

정책보다 중요한 것

Don't try and figure out what the market is doing.

시장이 무엇을 하고 있는지 알아내려고 너무 애쓰지 말라.

거시적인 경제 예측이나 시장 전반에 대한 주관적인 의견에 의존하기 보다는 자신이 이해할 수 있는 기업에 초점을 맞추라는 얘기다. 주식을 매매하는 것은 결국 기업의 일부분을 사고 파는 것이다. 기업이 탄탄하고 계속해서 성장하고 있다면 일시적으로 주가가 출렁거릴 수는 있지만 장기적으로는 양호한 수익을 가져다 줄 것이다. 워런 버핏은 말하기를, 연방준비제도(Fed)가 앞으로의 정책 방향을 미리 알려준다 해도 자신의 투자에는 아무런 영향도 미치지 못할 것이라고 했다.

❧

풍향계가 있다고 부자가 되는 건 아니다.
You can't get rich with a weather vane.

현금

Cash to the investor is as merchandise on the shelves of the merchant.

투자자에게 현금이란 상인에게 가게 선반에 있는 상품과 같다.

.

최소한의 재고도 확보해두지 않고 장사에 나서는 상인은 없다. 고객이 찾을 때마다 새로 상품을 만들어야 한다면 그런 상점은 금방 문을 닫을 것이다. 어느 정도의 재고가 확보돼 있어야 안정적으로 사업을 해나갈 수 있다. 마찬가지로 주식 투자자에게 현금은 생명선이나 다름없다. 현금이 없으면 언제든 퇴출당할 수 있다. 리스크 관리의 출발은 현금 확보다. 현금은 시장의 어떤 변화에도 안전한 "확실한" 자산이지만, 주식은 위험 자산이다. 적정 수준의 현금을 확보한 다음에 투자해야 조바심내지 않고 건전한 상식과 원칙에 따라 투자할 수 있다.

❧

가진 돈을 전부 투자하는 것은 금물이다.
Never invest all your funds.

시장을 읽는 최선의 방법

To know values is to know the meaning of the market.

가치를 안다는 것은 시장의 의미를 안다는 것이다.

주식시장은 언뜻 보면 종잡을 수 없이 등락을 반복하는 것 같지만, 실은 많은 정보와 지식, 통찰력까지 갖춘 사람들의 사려 깊은 노력을 반영한다. 이들은 주가가 그 기업의 내재가치에 접근하도록 조정해나간다. 앞으로 몇 달 뒤 혹은 몇 년 뒤 기업의 가치가 어떻게 변할지 신중하게 분석한 다음 투자하는 것이다. 가치를 올바르게 분석했다면 다른 투자자들이 따라올 것이고, 틀렸다면 따르지 않을 것이다. 그런 식으로 주가는 가치를 찾아가고, 시장도 결국 그 방향으로 흘러간다.

시장을 읽는 최선의 방법은 가치 투자의 시각으로 바라보는 것이다.

The best way of reading the market is to read from the standpoint of values.

바겐세일 주식

If it's not worth following to the limit, it is not worth following at all.

전력을 다해 좇을 가치가 없는 것이라면 처음부터 시작할 가치도 없는 것이다.

투자 자금을 현명하고 안전하게 운용하는 최선의 방법은 시장 주도주, 그것도 우량주만 선별해서 투자하는 것이다. 기업 내용이 부실한 종목은 아예 처음부터 쳐다보지 않는 게 좋다. 현재 실적도 우수하고 앞으로가 더 기대되는 탄탄한 기업만 주시해도 충분하다. "바겐세일" 대상에 자주 오르는 종목은 피하는 게 상책이다. 이런 종목은 아무도 찾지 않아 그렇게 된 것이다. 언제든 일정한 수요가 있는 종목은 세일 대상에 오르지 않는다. 삼류 주식은 절대 최고의 수익률을 가져다 줄 수 없다.

❧

너무 싸게 팔리고 있다면 잠시 생각해보라.
At a great bargain make a pause.

돈을 버는 세 가지 방법

The best is cheapest in the end.
최고가 결국에는 제일 싼 것이다.

돈을 버는 데는 세 가지 방법이 있다고 했다. 첫째는 자신의 시간을 파는 것이요, 둘째는 자신의 돈을 빌려주는 것이요, 셋째는 자신의 돈을 거는 것이다. 주식을 매수했다는 것은 그 기업에 자기 돈을 걸었다는 말이다. 미래의 수익을 기대하고서 그 기업의 소유권을 산 것이다. 그런데 내가 소유한 기업의 가치를 높여줄 핵심 인력은 바로 경영진이다. 실적이 좋다면 경영진에게 두둑한 보너스를 더 주더라도 아깝지 않다. 반대로 실적이 나쁘다면 경영진에게 아무리 적은 돈을 주더라도 비싼 것이고, 이런 기업에는 투자해서는 안 된다.

삼류 경영진은 쳐다보지도 말라.
Don't look for management at bargain rates.

버몬트의 명상가

Always have greed when others have fear and have fear when others have greed.

남들이 두려워할 때 욕심을 부리고, 남들이 욕심을 부릴 때 두려워하라.

말로 하기는 쉬운데 실행으로 옮기려면 참 어려운 게 이 격언이다. 그러나 성공적인 투자를 위해서는 이렇게 해야 한다. 모두가 한 목소리를 낼 때는 그 자체만으로도 한번쯤 의심해봐야 한다. 주식시장은 다수결의 원칙이 통하지 않을뿐더러 다수 군중을 따라갔다가는 낭패를 보기 십상인 곳이다. 역발상(contrarian) 투자를 처음으로 소개한 버몬트의 명상가 험프리 닐은 모든 사람이 똑같이 생각한다면 모든 사람이 틀렸을 가능성이 높다며 군중이 가는 길과 역행할 것을 주문했다.

❧

주변의 모든 사람이 할 때는 하지 말아야 한다.
When everybody else is doing it, don't.

노력을 해야 성과가 있다

It is idle to wait for your ship to come in unless you have sent one out.

게으른 자만이 띄우지도 않은 배가 들어오기를 기다린다.

밭을 갈고 씨앗을 뿌리고 정성껏 가꿔야 비로소 값진 열매를 거둘 수 있다. 주식시장에서도 노력을 해야만 수익을 얻을 수 있다. 투자의 세계에서는 누구도 공돈을 그냥 건네주지 않는다. 탁월한 경영진이 이끌어가는 훌륭한 기업의 주식을 적절한 가격에 매수해야 한다. 그 다음에는 그 기업의 실적이 주가에 충분히 반영될 때까지 참고 기다릴 줄 알아야 하고, 시장여건의 변화도 늘 챙겨야 한다. 주식시장에서 돈을 번다는 것은 주가를 기업의 가치에 맞게 조절한 데 따른 보상이다. 투자란 결코 쉽게 부를 가져다 주는 길이 아니다.

☙

노력을 해야 성과가 있다.
No pain, no gain.

과거는 과거일 뿐이다

The trend is your friend......until it ends.

추세는 좋은 친구다. 끝날 때까지만.

어떤 추세도 영원히 이어지지 않는다. 추세는 언제든 방향을 바꿀 수 있고, 그것이 아무리 강력하다 해도 과거의 주가일 뿐이다. 어제 주가가 얼마였는가는 앞으로의 투자 성과와 아무 관계도 없다. 중요한 건 과거의 추세가 아닌 미래의 주가 흐름이다. 주식시장이 뜨겁게 달아오르며 가파른 상승세를 타면 너도나도 여기에 편승하려고 달려든다. 눈앞에 보이는 추세를 놓치고 싶지 않기 때문이다. 그러나 이런 때일수록 스스로 경계의 주문을 외울 필요가 있다.

과거는 과거고 미래는 미래다.
Hindsight is one thing and foresight is another.

엎지른 물은 주워담을 수 없다

Do not buy stocks as you might store merchandise on sale.

백화점 세일에서 상품을 구입하듯 주식을 매수하지 말라.

자신이 점 찍어둔 물건을 늘 세일 시즌을 기다렸다가 구입하는 알뜰 소비자가 있다. 그런데 여기서 끝나지 않는 게 문제다. 꼭 필요한 물건이 아닌데도 단지 세일 중이라, 혹시 이 상품이 금방 동이 날까봐 허겁지겁 사는 것이다. 그러고 나면 반드시 후회가 따른다. 주식도 마찬가지다. 시장에서 활발하게 거래되는 주식은 절대로 공급 물량이 끊기는 경우가 없다. 그러므로 서둘러 매수하는 것은 금물이다. 어떤 물건이든 꼭 필요한 것만 구입해야 하듯 주식도 사놓고 후회하지 않을 훌륭한 종목만 매수해야 한다.

한번 엎지른 물은 다시 주워담을 수 없다.
It is no use crying over spilt milk.

광란의 파티

There will be more dancing at another wild party
followed by another painful hangover.
광란의 댄스파티가 다시 찾아오고, 고통스런 숙취가 뒤따를 것이다.

연일 주가 하락이 이어지고 거래량도 급감하면 많은 투자자들이 손을 털고 시장을 빠져나간다. 하지만 그렇게 가라앉았던 분위기가 한번 불붙기 시작하면 무섭게 타오른다. 거침없는 주가 상승세가 시작되면 시장을 떠나갔던 투자자들도 속속 복귀한다. 다시 파티가 시작되는 것이다. 사람들은 이전의 실수를 되풀이 하지 않겠다고 다짐하지만 위기는 늘 되풀이 된다. 워런 버핏의 말처럼 "역사에서 우리가 배운 것은, 사람들은 역사에서 배우지 못한다는 사실"일지 모른다. 인간의 문제는 변하지 않는다는 것이다.

❧

인간의 본성이란 인류 역사가 시작된 이래 한결 같았다.
Human nature is what it has been as far as human record tells.

가장 무서운 적

The investor's deadly enemies are ignorance, greed, fear and hope.

투자자에게 가장 무서운 적은 무지와 탐욕, 두려움, 희망이다.

경제학에서는 투자자들이 항상 합리적이며 자신의 이익을 위해 행동한다고 전제한다. 하지만 현실을 둘러보면 영 딴판이다. 투자의 세계에서는 특히 그렇다. 투자자에게 제일 무서운 적은 바로 자기 내부에 도사리고 있는데, 무지와 탐욕, 두려움, 희망이 그것들이다. 투자자를 실패의 길로 인도하는 유혹은 헤아릴 수 없이 많다. 이런 함정은 미리 대비하고 조심하면 피해갈 수 있다. 하지만 인간 본성에서 비롯되는 무지와 탐욕, 두려움, 희망은 경험 많은 노련한 프로들조차 쉽사리 제거하지 못하는 내부의 적들이다.

❧

당신 자신이 바로 당신의 가장 두려운 적이다.
We have met the enemy, and he is us.

종말론

Nobody sends you an overdue notice or a bawdy postcard at the bottom.

시장의 바닥에서는 기회가 무르익었다는 신호도, 장밋빛 전망도
찾아볼 수 없다.

1962년 쿠바 미사일 위기가 고조됐을 때 미국인들 사이에는
종말론까지 퍼졌다. 그런데 그런 상황에서도 주가가 오르는 쪽
에 베팅하는 트레이더들이 있었다. 이들의 믿음은 확고했다.
"만일 미사일 위기가 무사히 해소된다면 당연히 돈을 벌 것이
고, 최악의 경우 위기가 현실화한다면 시장이고 뭣이고 다 없
어지지 않겠는가?" 시장이 바닥까지 왔을 때 투자한다는 것
은 말처럼 쉽지 않다. 섣불리 용기도 내기 어렵고 심리적으로
도 상당한 부담이 따른다. 그럴 때일수록 존 템플턴 경의 말
을 떠올릴 필요가 있다.

❧

비관주의가 최고조에 달했을 때 투자하라.
Invest at the point of maximum pessimism.

속담도 때로는 틀린다

Wall Street proverbs are often fallacious.

월스트리트의 속담도 때로는 틀리는 경우가 있다.

흔한 예를 하나 들어보자. "주식이란 오래 보유하면 결국 오르게 돼있다." 이 말은 주가가 한참 떨어졌는데도 손절매 타이밍을 놓치는 바람에 어쩔 수 없이 계속 보유하는 투자자들이 자주 입에 올리는 것인데, 이 말을 믿고 무작정 기다리는 건 정말 위험천만한 일이다. 영원히 주가를 회복하지 못하는 것은 물론 자칫 휴지조각이 될 수도 있다. 지난 몇 년 사이 시장에서 퇴출된 종목이 얼마나 되는지 세어보라. 그럴듯하게 들린다고 해서 무조건 믿어서는 안 된다.

☙

주식시장은 냉엄한 현실이 지배하는 곳이다.

The stock market is one place where down-to-earth realism prevails.

가장 비싼 네 단어

"This time is different" are the four costliest words in
the language of investing.

투자자에게 가장 비싼 말은 "이번에는 다르다"는 것이다.

주식시장에 투기 붐이 몰아치면 늘 "새로운 시대(new era)" 혹은 "신경제(new economy)" 같은 말이 유행하고 "이번에는 다르다"는 심리에 사로잡힌다. 하지만 여기에 도취해 투자했다가는 아주 값비싼 수업료를 치러야 한다. 투자자들 사이에 이런 말이 퍼지면 그때는 시장에 뛰어들 시점이 아니라 시장에서 빠져 나와야 할 순간이다. 이번에는 다르다고 하지만 잘 찾아보면 틀림없이 똑같은 일이 과거에도 벌어졌을 것이다. 다만 많은 투자자들이 기억하지 못할 뿐이다.

᠀

월스트리트는 과거의 일을 쉽게 잊는다.
Wall Street easily forgets.

대포 소리가 들릴 때

The best possible time to invest is when the sky is black with clouds.

투자하기에 최선의 시점은 하늘에 잿빛 먹구름이 가득할 때다.

늘 명심하고 있어야지 하면서도 막상 닥치면 까맣게 잊어버리고 마는 격언이 바로 이것이다. 매도자가 넘쳐날 때 매수하고, 아무도 주식을 사지 않으려 할 때 과감히 사야 한다는 말인데, 실천하기가 여간 어렵지 않다. 그러나 투자의 달인으로 불리는 비범한 인물과 그저 주식시장에서 적당히 돈을 번 사람들은 바로 여기서 구별된다. 도무지 희망이라고는 보이지 않을 때 전자는 투자하고 후자는 주저하고 두려워한다. 로스차일드 경이 말한 것처럼 대포 소리가 들리고 거리에 피가 흐를 때 주식을 살 수 있어야 진짜 고수다.

❧

절망적인 약세는 매수 신호다.
After extreme weakness buy stocks.

한 가지 시각뿐

There is only one side to the stock market.
주식시장에는 오로지 한 가지 시각만 존재한다.

에드윈 르페브르가 쓴 《제시 리버모어의 회상Reminiscences of a Stock Operator》에 나오는 유명한 구절이다. 리버모어의 말을 좀더 들어보자. "자신이 저지른 온갖 실수에서 얻을 수 있는 가르침 하나하나를 전부 배우는 데는 오랜 시간이 걸린다. 무엇이든 그것을 바라보는 시각은 두 가지가 있다고 한다. 그러나 주식시장에는 오로지 한 가지 시각만 존재한다. 이 기본적인 원칙을 마음속 깊이 새기는 데는 주식 투기라는 게임의 보다 기술적인 요소들을 터득하는 것보다 더 오랜 시간이 필요했다." 그가 말하는 단 하나의 시각은 무엇이었을까?

강세론도 아니고 약세론도 아닌 시장을 정확히 바라보는 눈이 필요하다.
It is not the bull side or the bear side, but the right side.

바퀴벌레 이론

One quarter's shortfall is usually followed by more.

한 분기의 부진한 실적은 다음 분기, 또 그 다음 분기로 이어지기 쉽다.

바퀴벌레 이론(the Cockroach Theorem)이라는 게 있다. 우연히 부엌에서 바퀴벌레 한 마리를 발견했다면 온 집안에 바퀴벌레가 딱 그 한 마리일 수는 없다는 것이다. 바퀴벌레 이론은 주식시장에도 그대로 적용된다. 어느 기업의 분기 영업이익이 매우 실망스럽게 발표됐다면 그것이 이번 한 분기에만 그칠 가능성은 거의 없다. 틀림없이 그 기업의 발목을 잡는 문제가 있을 것이며, 이 문제가 현실화해 실적 부진으로 이어졌다면 한두 분기 안에 그 원인을 제거하기는 어려울 것이기 때문이다. 실적 악화는 무시해서는 안 될 적신호다.

지푸라기가 풍향을 알려주는 법이다.
Straws tells which way the wind blows.

살 기회는 얼마든지 있다

Don't buy in a hurry.

서둘러 매수하지 말라.

시장이 하락세로 돌아서기 전에 운 좋게 잘 빠져 나왔으면서도 너무 일찍 재진입 하는 바람에 낭패를 본 경험은 다들 한두 번씩 있을 것이다. 보유 주식이 하나도 없으면 괜히 허전해지고 조바심마저 든다. 그래서 서둘러 주식을 매수하게 되는데, 그러면 그 즉시 뭔가 결정을 내려야 하는 상황에 몰리게 된다. 계속 보유하거나 매도해야 하는 것이다. 오로지 현금만 보유하고 있을 때는 확실한 기회가 나타나기 전까지 아무런 결정도 내릴 필요가 없다. 느긋하게 기다릴 수 있는 것이다.

❧

훌륭한 주식을 살 기회는 얼마든지 있다.

There is plenty of time to buy good stocks.

독립적인 사고

The stock market has forecast eight of the last three recessions.

지난 세 번의 경기침체 사이에 여덟 번이나 경기침체를 예측한 곳이 주식시장이다.

노벨 경제학상을 수상한 폴 새뮤얼슨이 유머러스하게 표현한 말인데, 그렇다고 주식시장의 예측능력이 과장됐음을 비난하려는 것은 아니다. 주식시장의 역사를 돌아보면 숱한 약세장과 강세장이 반복돼 왔다. 때로는 호황기에 약세장이 나타났는가 하면 불황기에 강세장이 등장하곤 했다. 경기 전망과 주식시장 예측은 반드시 일치하지 않는다. 그런 점에서 경제 분석 능력보다는 직관과 역발상이 더 중요한 시점이 반드시 있게 마련이다.

❧

투자의 타이밍에는 직관과 역발상이 필요하고, 독립적인 사고도 요구된다.
Timing is partly intuitive, partly contrary, and requires independence in thinking.

절대적인 성공 요인

To have patience is to have success.
인내할 수 있어야 성공할 수 있다.

나폴레옹이 남긴 이 명언은 주식시장에도 그대로 통한다. 19세기 후반 "월스트리트의 메피스토펠레스"로 불렸던 시세조종의 대가 제이 굴드는 주식 투기의 절대적인 성공 요인으로 인내를 꼽았다. 사실 대부분의 투자자들이 자신의 거래 기록을 뒤돌아보면 참고 기다리지 않는 바람에 얼마나 자주 기회를 놓쳤는지 새삼 확인할 수 있을 것이다. 옥수수를 심은 농부는 다음날 싹이 텄는지 알아보려고 씨앗을 도로 파내지 않는다. 그러나 주식시장에서는 많은 사람이 낮에 계좌를 터놓고 밤도 되기 전에 이익을 얻으려 한다.

&

참고 기다리는 자만이 보상을 받는다.
They also serve who only stand and wait.

이해할 수 없으면

Only buy securities that you understand.
이해할 수 있는 증권에만 투자하라.

제대로 공부하지도 않고 선물옵션이나 ELW(주식워런트증권) 같은 파생금융상품에 무작정 달려드는 건 마치 술에 취한 채 카지노장에 입장하는 것과 같다. 많은 사람이 카지노에 빠져드는 이유는 입장료는 얼마 안 되지만 한 번 걸리면 엄청난 상금이 주어지기 때문이다. 선물옵션이나 ELW 역시 한번 대박을 터뜨리면 소액 투자자도 거액을 벌 수 있다. 그러나 파생금융상품은 상품 내용이 복잡하고 변동성도 높은 게 대부분이다. 현물과는 비교도 할 수 없을 정도로 리스크가 매우 높다. 투자는 이성적으로 해야 한다.

❧

이해할 수 없다면 투자하지 말라.
If you can't understand it, don't do it.

손실은 재빨리 끊어내라

Profits always take care of themselves but losses never do.

이익은 그냥 놔둬도 알아서 굴러가지만 손실은 절대 그렇지 않다.

주식 투자자가 가장 먼저 배워야 할 것은 손실을 보는 법이다. 손실을 재빨리 끊어낼 줄 알아야 한다는 말이다. 손실이 누적되고 커지다 보면 객관적인 시각을 유지할 수 없다. 만일 증권회사 계좌의 증거금이 부족할 정도로 손실을 봤다면 이미 손절매 시점이 한참 지난 것이다. 하지만 그때라도 정리해야 한다. 잘못된 방향으로 베팅하고 있는 것이기 때문이다. 일단 빠져 나와야 편향된 시각을 버릴 수 있다. 그래야 다음에 찾아올 기회를 잡을 수 있다.

반드시 손실이 나고 있는 것을 팔고 이익이 나고 있는 것은 계속 보유하라.
Always sell what shows you a loss and keep what shows you a profit.

세월의 검증

Buy good standard stocks that have stood the test of time.

오랜 세월을 통해 검증된 우량주를 매수하라.

우량주의 첫째 조건은 탄탄한 기업 내용이다. 존 템플턴 경이 꼽은 우량주(우량기업)의 조건은 1) 성장하는 산업에 속해 있으면서 시장 점유율이 업계 선두일 것 2) 기술 혁신이 경쟁력의 원천인 산업에서 기술적으로 가장 앞서갈 것 3) 이미 탁월한 실적을 보여준 강력한 경영진이 이끌어갈 것 4) 원가 경쟁력이 우수하고 재무구조가 건전할 것 5) 인지도가 높고 소비자에게 신뢰를 주는 제품을 생산할 것 등이다. 이런 조건은 하루아침에 얻어지지 않는다. 세월의 검증이 필요하다.

검증되지 않은 설익은 주식은 사지 말라.
Don't buy unseasoned stocks.

내부자 정보

Sniff at inside information. It is usually bunk.

내부자 정보는 무시하라. 대개는 터무니없는 것들이다.

내부자 정보 같은 비밀정보에 귀를 기울이는 사람들은 주로 혼자 생각하기를 싫어하는 게으른 투자자다. 다른 사람한테 편승해 무임승차하겠다는 것이나 마찬가지다. 내부자 정보는 십중팔구 거짓이거나 설사 사실이라 하더라도 이미 시장에 반영된 것들이다. 게다가 이런 정보를 제공하는 소식통들은 절대로 두 번째, 세 번째 정보까지 내놓지는 않는다. 언제 이익을 실현하고, 언제 손절매 할지 알려주지 않는다는 말이다. 공짜 정보는 없다.

큰손들은 자기들이 뭘 하는지 이야기하지 않는다.

The big people don't talk about their operation.

절제

A man will spend anything he can lay his hands on.

사람이란 자기 수중에 있는 것은 전부 써버린다.

주식 투자로 한때 큰돈을 벌었다가 결국 빈털터리가 돼 어렵게 살아가는 사람은 주변에서 심심치 않게 만난다. 풍년이 들면 늘 흉년을 대비해야 한다. 주식시장에서도 큰 수익을 거두었을 때 일부를 따로 떼어내 저축해둬야 한다. 그래야 좀더 여유로운 마음으로 투자할 수 있다. 그러나 한번 수익을 올린 다음에는 더 많은 돈을 벌기 위해 판돈을 키우고, 쉽게 번 돈이라고 생각해 무절제한 사치에 빠져버린다. 명심하라.

숱한 프로 투자자들이 주식시장에 모든 걸 바쳤다가 무일푼으로 죽어갔다.

Many professionals give their lives to the market and die poor.

실수를 용서받으려면

Use your mistakes as object-lessons.

실수를 반면교사(反面教師)로 삼아라.

주식시장에서는 누구나 실수하고 얼마든지 잘못을 저지를 수 있다. 실수를 저질렀을 때 얼마나 손실을 보았는가 보다 거기서 얼마나 많은 걸 배웠는가가 중요하다. 손실이 발생했을 때마다 자기 자신을 되돌아보고 시장에 대해 다시 한번 생각해 보는 기회로 삼는다면 오히려 약이 될 수 있다. 실수는 유용한 자산이다. 그러려면 실수를 잘 활용해야 한다.

⸎

자신이 저지른 실수를 용서받을 수 있는 길은 그 실수를 활용해 다음 번에 수익을 거두는 것이다.

A man can excuse his mistakes only by capitalizing them to his subsequent profit.

고집과 자만

It seldom pays for an investor to become stubborn.

고집불통 투자자에게는 아무런 보상도 주어지지 않는다.

세상 모든 일이 그렇지만 투자 역시 유연하고 개방적인 자세로 해야 한다. 자기 주장만 너무 내세웠다가는 혹독한 대가를 치를 수 있다. 거래는 나 혼자 하는 게 아니다. 내가 살 수 있는 건 파는 상대가 있기 때문이고, 내가 팔 수 있는 건 사는 상대가 있기 때문이다. 상대방에게도 틀림없이 자기 의견이 있었을 것이다. 이렇게 무수히 많은 거래 상대방들이 모여 시장이 만들어진 것이다. 따라서 시장에는 여러 의견이 있을 수 있다. 투자의 목적은 높은 수익률을 올리는 것이지, 남들 앞에서 자신의 주장을 끝까지 관철시키는 것이 아니다.

❧

자만하면 망한다.

Pride will have a fall.

다 똑같은 주식이 아니다

Stocks are only good inflation hedges if bought at the right time and at the right price.

정확한 타이밍에 정확한 가격에 매수한 주식이라야
인플레이션 헤지 효과가 있다.

세계적인 경제 위기가 닥치자 각국 정부가 경기 부양을 위해
금리 인하와 통화 공급 확대 정책을 경쟁적으로 내놓았다. 경
기 침체의 그림자가 여전한데도 인플레이션 우려가 자꾸 고
개를 드는 건 이 때문이다. 주식은 부동산과 함께 인플레이
션 헤지 자산이다. 그렇다고 아무거나 사두어선 안 된다. 신중
하게 선정한 최고의 우량주를 최적의 타이밍에 매수해야 한
다. 훌륭한 기업은 어려운 시기가 닥쳐도 살아남아 장기적으
로 인플레이션 헤지 효과를 제공해주지만, 부실기업은 경기
가 더 나빠지면 자칫 파산할 수도 있다. 피상적으로 판단해서
는 안 된다.

☙

개가 짖는다고 다 도둑은 아니다.
All are not thieves that dogs bark at.

무엇을 하지 말아야 하는지

It is almost as important to know what not to do as to know what should be done.

무엇을 하지 말아야 하는지를 아는 것은 무엇을 해야 하는지를
아는 것만큼이나 중요하다.

많은 사람들이 주가 상승을 부추기는 말만 믿고 주식을 매수
한다. 그러나 이런 식으로 뛰어들었다가는 낭패를 보기 십상
이다. 지혜로운 투자자는 매매에 앞서 반드시 현재의 시장 상
황을 살펴보고, 투자 대상 기업을 연구하며, 자신이 수집한
사실들을 한 번 더 검토해본다. 시세조종은 없는지, 상대방은
어떤 생각을 갖고 있기에 나와 반대로 행동하는지 따져본다.
어떻게 하면 돈을 벌 수 있을지 궁리하는 것은 물론이고 돈을
잃지 않기 위해서는 어떻게 해야 하는지도 강구하는 것이다.
일단 매매한 다음에는 후회해도 소용없기 때문이다.

❧

한번 저지른 일은 되돌릴 수 없다.
What's done cannot be undone.

아이작 뉴턴

I can calculate the motions of the heavenly bodies,
but the madness of people.

나는 천체의 운동은 계산할 수 있지만 대중의 광기는 계산할 수 없다.

18세기 초 영국을 뜨겁게 달궜던 남해회사(The South Sea Company) 투기 붐에 말려들어 거액을 날렸던 아이작 뉴턴 경이 남긴 말이다. 뒤늦게 그것이 장밋빛 환상이었음을 깨닫지만 이미 지나간 다음이다. 거품은 이렇게 한번 불붙으면 일반 대중은 물론 뉴턴 같은 지식인까지 사로잡는다. 짧은 기간이지만 주가가 계속 오르고 또 올라가면 아무도 그것을 의심하지 않는다. 현재 상황이 어떻든 지금 주가가 오르고 있기 때문에 주식을 사려고 하는 것이다. 거품은 마치 스스로 생명을 가진 것처럼 커간다. 그것이 거품의 본질이다.

❧

멍청한 돈은 어디서나 똑같다.
Stupid money is stupid money in any tongue.

머뭇거리지 말라

You have to get out when you can.
빠져 나올 수 있을 때 빠져 나와야 한다.

투자의 세계는 냉정하지만 누구에게나 공평하다. 기회는 늘 긴장된 자세로 준비하고 있는 자에게 돌아간다. 기회가 고개를 디밀고 있을 때 꽉 붙잡아야 한다. 그러려면 주의를 게을리하지 말아야 한다. 머뭇거리면 순식간에 달아나버린다. 아무도 대신 잡아주지 않는다. 특히 주식시장에서 빠져 나와야 할 때는 머뭇거릴 여유가 없다. 빠져나올 수 있을 때 빠져 나와야 한다. 자기가 보유한 물량을 소화해줄 시장이 있어야 매도할 수 있다. 빠져나올 수 있는 기회를 놓치면 치명상을 입을 수 있다. 시장은 늘 변한다. 한시도 방심할 수 없다.

만사에 때가 있는 법이다.
There is a time for everything.

손절매는 보험료

Limiting losses is like paying worthwhile insurance premiums.

손절매는 보험료를 내는 것과 마찬가지다.

이익은 계속 커나가도록 하되 손실은 재빨리 끊어내야 한다. 그러기 위해서는 주식을 매수하기 전에 손실 한도를 정해두는 게 좋다. 상황이 불리할 때는 일단 후퇴해야 후일을 기약할 수 있다. 10% 손절매 원칙을 세워두었다면 무슨 일이 있어도 지켜야 한다. 손절매를 한 다음 주가가 다시 올라갈 수도 있다. 그럴 때는 후회하는 대신 보험료를 냈다고 생각하면 된다. 초보자는 손절매 원칙도 없고, 있다 해도 잘 지키지 않는다. 반면 프로일수록 손절매 원칙을 철저히 지킨다. 어리석은 바보들만 손실이 계속 커나가도록 그냥 놔둔다.

❧

바보가 가진 돈은 금세 주인 곁을 떠나버린다.
A fool and his money are soon parted.

인간의 본성

Nowhere does history indulge in repetitions so often or so uniformly as in Wall Street.

월스트리트만큼 역사가 그토록 자주, 그토록 똑같은 모습으로
반복되는 곳도 없다.

주식시장이 붐을 타거나 패닉에 휩싸일 때면 항상 "이번에는 다르다"고 외치는 사람을 볼 수 있다. 하지만 잘 살펴보면 틀림없이 과거에도 그런 일이 있었을 것이다. 어쩌면 그리도 예전이나 지금이나 차이가 없는지 놀라울 지경이다. 시계의 추는 늘 좌우로 흔들리고 사람들은 항상 똑같은 원을 새롭게 돌 뿐이다. 인간의 본성은 인류 역사가 시작된 이래 늘 한결같았다. 월스트리트에서 자주 인용되는 원칙들은 대개 이런 가정을 전제로 한다는 점을 기억하라.

⁂

사람들은 과거에 자신이 저질렀던 실수를 미래에도 되풀이할 것이다.

People will continue in the future to make the mistakes that they
have made in the past.

과잉 반응

Bad news bulls.
나쁜 뉴스가 좋은 기회를 만든다.

주식 투자자들은 뉴스에 감정적으로 대응한다. 특히 지진이나 태풍 같은 대형 재난이 발생하면 시장은 과도한 공포에 사로잡혀 전혀 관련 없는 우량기업의 주가마저 급락하곤 한다. 여기에 불확실성까지 더해지면 주가는 그 뉴스가 미칠 파장보다 훨씬 더 크게 떨어진다. 하지만 이런 과잉 반응으로 인한 투매와 급락 사태가 진정되면 주가는 다시 제자리를 찾아간다. 충격이 가라앉으며 투자자들도 정신을 차리는 것이다. 일시적인 주가 왜곡은 늘 냉정한 투자자에게 훌륭한 기회를 제공한다. 무슨 일이든 잘만 대처하면 수익을 얻을 수 있다.

※

장사마다 요령이 있는 법이다.
There are tricks in every trade.

대다수가 틀린다

You'll seldom buy stocks right at the bottom or sell them right at the top.

정확히 바닥에 왔을 때 매수하거나 정확히 천정에 도달했을 때 팔기란 매우 힘들다.

주식시장이란 원래 극단을 오가는 법이다. 비관주의가 팽배할 때는 펀더멘털을 감안한 적정 주가보다 훨씬 더 밑으로 떨어진다. 반면 낙관주의가 넘쳐날 때는 도저히 예상할 수 없었던 수준까지 치고 올라간다. 따라서 아무리 분석이 정확했다 하더라도 주가는 얼마든지 예상보다 훨씬 높이 올라갈 수 있고 예상보다 훨씬 아래로 떨어질 수 있다. 그런대도 바닥과 천정을 기다려 정확한 타이밍에 매매하려고 하는 것은 무리다.

명심하라. 트레이더들 대다수가 천정에서 사고 바닥에서 판다.

Remember that the majority of traders are always buying at the top and selling at the bottom.

공매도

Leave short selling to experienced professionals.

공매도는 노련한 프로들에게 맡겨두라.

주가 하락기에는 공매도가 자주 도마에 오른다. 공매도란 어떤 종목의 주가가 떨어질 것을 예상하고 그 주식을 남에게서 빌려 파는 것이다. 주가가 떨어지건 오르건 반드시 나중에 주식을 사서 갚아야 한다. 예상한 대로 주가가 떨어지면 이익을 보고 오르면 손해를 본다. 공매도의 원리는 이렇듯 간단하다. 그러나 실제 공매도 투자는 전혀 다르다. 주가 하락폭(수익)은 한정돼 있는 반면 상승폭(손실)은 무한대고, 정해진 기간 안에 빌린 주식을 상환해야 하므로 시간이 제한돼 있다. 그래서 프로의 영역이라고 하는 것이다. 함부로 덤비지 말라.

진기한 것은 늘 멋지게 보이는 법이다.
Novelty always appears handsome.

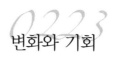

변화와 기회

Stock investing merely attempts to anticipate the inevitabilities of future changing condition.

투자란 불가피한 미래의 상황 변화를 예측하고자 하는 것이다.

변화야말로 살아가는 맛이다. 살다 보면 참 별일도 많고 이해할 수 없는 일들도 숱하게 벌어진다. 하지만 그것이 세상사고 인생이다. 예기치 않은 일이 벌어지더라도 너무 당황하지 말고 담담한 심정으로 받아들일 줄 알아야 한다. 주식시장은 하루도 쉬지 않고 매일같이 변동한다. 투자하다 보면 가슴 철렁해지는 순간을 만날 때가 한두 번이 아니다. 그렇다고 투자를 그만둘 수는 없다. 오히려 그런 변화를 잘 활용해야 훌륭한 성과를 거둘 수 있다. 피할 수 없다면 즐겨라.

변화가 있는 곳에 기회가 있는 법이다.
Anytime there is change there is opportunity.

Sell in a buying market when everybody wants stock.

모두가 주식을 사려고 하는 그런 시장이라면 매도하라.

모든 게 잘 돌아가고, 주식 투자를 하는 사람들의 99%가 강세에 배팅할 때, 그럴 때는 일단 시장에서 빠져 나와야 한다. 주식시장은 경제의 바로미터인데, 경제는 한없이 호황을 구가할 수 없기 때문이다. 경기 확장이 무한정 이어질 것 같다고 느끼는 순간 경제는 갑자기 경고등을 켜고 기업 실적도 방향을 트는 것이다. 가장 좋게 보이는 시기가 제일 위험하다. 이와 똑같은 역발상이 한 번 더 필요하다. 비관적인 분위기가 최고조에 달했을 때는 과감히 매수해야 한다는 것이다.

❧

모두가 주식을 팔려고 하는 그런 시장이라면 매수하라.
Buy in a selling market when nobody wants stock.

말보다 행동

Overconfidence is the most important of financial behavioral errors.

과도한 자신감이야말로 가장 결정적인 투자 행동 오류다.

대부분의 투자자들이 자신은 항상 시장 평균 수익률보다 높은 수익률을 올릴 수 있을 것이라고 여긴다. 그러나 잘 생각해보면 모든 투자자들이 시장 평균 수익률을 앞서는 것은 수학적으로 불가능한 일이다. 게다가 최종 수익률은 수수료와 세금 같은 각종 비용을 제외한 것이다. 그런데도 자칭 시장 전문가라고 하는 사람들조차 과거의 무용담을 들려주며 언제든 시장을 이겨낼 수 있다고 자신한다. 이런 자신감은 허황될 뿐만 아니라 아주 위험한 환상이다.

❧

말보다 행동이 중요한 법이다.
Fine words butter no parsnips.

한번 불이 붙으면

The speculation building on itself provides its own momentum.

투기 붐은 투기 붐 위에서 생겨나 그 자체의 모멘텀을 갖는다.

주식시장이든 상품시장이든 부동산시장이든 한번 불이 붙으면 무섭게 타오른다. 가격이 오르면 더 많은 사람들이 몰려들고 가격은 더욱 상승한다. 투기 붐의 선순환 피드백인 셈인데, 투기 대상의 가격이 치솟을수록 앞날에 대한 기대감은 더욱 부풀어 오르고, 유혹을 못 이긴 새로운 매수 주체까지 가세해 상승폭은 더 커지는 것이다. 이런 순환이 이어지면 사람들은 냉정한 자기 판단보다 시장의 들뜬 분위기에 휩쓸리게 된다. 그러나 이럴 때일수록 조심해야 한다.

❧

모두가 똑같이 생각하고 있다면 누군가는 생각하지 않고 있는 것이다.
If everyone is thinking alike then somebody isn't thinking.

주가수익비율

Applied to individual stocks, price earnings ratios in themselves mean nothing.

개별 주식의 경우 주가수익비율(PER)은 사실 아무 의미도 없다.

PER와 주가가 아무 관계도 없다니? 뭔가 잘못된 말 같다. 하지만 이건 월스트리트에서 60년 넘게 활동한 필립 카레가 남긴 말이다. 주식시장에서 산전수전 다 겪은 전설적인 노(老) 투자자가 들려주는 말이니 틀릴 리가 없다. 한번 생각해보자. 주식시장에서 한창 잘 나가는 성장주는 PER가 40~50을 넘는 경우가 비일비재하지만 소외된 종목은 PER가 5에도 못 미치는 경우가 허다하다. PER는 장기적으로, 또 시장 전체적으로는 주가를 결정하는 요인이 되지만 개별 종목의 단기 주가에는 큰 영향을 못 미친다.

이론에 너무 얽매이지 말라.

Never mind the investment theory.

도박과 투자의 차이

Gambling begins where we risk what we can't afford
to gain something we haven't earned.

도박이란 자신이 벌지 못한 것을 얻기 위해 감당할 수 없는 리스크를
무릅쓸 때 시작되는 것이다.

도박과 주식 투자의 차이는 리스크에 있다. 도박판의 리스크는 만들어진 것이다. 참가자가 판돈을 걸었을 때 비로소 생겨난다는 말이다. 그런 점에서 인위적이고 반드시 부담해야 하는 것도 아니다. 그러나 주식시장의 리스크는 이미 존재하는 것이다. 좋든 싫든, 우리가 동의하든 말든 주가 변동이라는 리스크는 항상 있다. 문제는 그 리스크를 누가 부담할 것인가다. 어떤 투자자가 남의 리스크를 부담할 때는 그렇게 함으로써 이익을 얻을 수 있기 때문이다. 리스크의 성격을 정확히 파악하는 투자자만이 성공적인 투자자가 될 수 있다.

❧

투자와 도박의 차이를 잊지 말라.
Don't forget the difference between investing and gambling.

하늘 끝까지 자랄 수는 없다

No tree ever grows to the sky.

어떤 나무도 하늘 끝까지 자랄 수는 없다.

주식시장이 가파른 상승세를 이어가면 모두가 흥분에 휩싸인다. 너도나도 주식시장에 뛰어들고 높은 수익률이 가져다 준 풍요감에 취해버린다. 정치인들은 "이제 경제가 위대한 번영의 길로 들어섰다"고 선전하고, 기업가들은 "새로운 시대에 맞는 패러다임"을 주장한다. 하지만 강세장이 영원히 계속될 수는 없다. 지금은 연일 사상 최고치를 경신하고 있지만 너무 높이 올라간 시장은 곧 현기증을 느끼며 불가피한 조정에 빠져들 것이다. 지금까지 늘 그래왔고 앞으로도 그럴 것이다.

❧

아무리 좋은 일도 반드시 끝이 있게 마련이다.
All good things must come to an end.

팔기가 더 어렵다

Selling at the right time is more difficult than buying.
정확한 타이밍에 매수하기보다 정확한 타이밍에 매도하기가 더 어렵다.

훌륭한 주식을 잘 골라서 제때 매수했다면 일단 절반은 성공했다고 할 수 있다. 하지만 이제부터는 매일같이 무언가 선택을 해야 한다. 그 주식을 팔 것인지 말 것인지 결정해야 하는 것이다. 매수하지 않았을 때는 가만히 있어도 된다. 그냥 손을 놓고 있는 사이 벌어질 수 있는 최악의 상황이라고 해봐야 기회를 날리는 것뿐이다. 그러나 적절한 매도 타이밍을 놓치면 애써 벌어둔 수익을 실현하지도 못하고 자칫 큰 손실로 이어질 수 있다. 파는 것보다 사는 게 쉽다.

❧

팔 수 있는지 따져보는 게 중요하다.
The salability of a stock is very important.

증명

You can't tell till you bet.
직접 돈을 걸기 전까지는 알 수 없다.

수학에서 가장 중요한 것은 증명이다. 아무리 그럴듯한 논리라도 증명되지 않았다면 그것은 어디까지나 가설일 뿐이다. 주식시장에서 증명이란 자신의 잔고다. 자기 돈으로 직접 베팅을 해봐야만 그 결과를 알 수 있다. 머릿속으로 아무리 많이 연습해본들 프로의 감각을 익힐 수 없다. 수영 교본을 아무리 많이 읽어도 물속으로 뛰어들지 않는 한 제대로 헤엄칠 수 없는 것과 같은 이치다. 지금 시장이 강세장이라고 생각한다면 상승 쪽에 베팅해봐야 한다. 자신의 판단이 맞았는지 틀렸는지는 그 다음에야 알 수 있다.

말보다 행동이 중요하다.
Action speaks louder than words.

입에 든 떡도

Don't spend your paper profits. They might turn into losses.

미실현 수익에 취하지 말라. 언제든 손실로 돌변할 수 있다.

우리 속담에 입에 든 떡도 넘어가야 제 것이라고 했다. 섣부른 자만은 금물이라는 말이다. 자신이 보유한 주식이 조금 올랐다고 해서 모든 게 다 끝난 것은 아니다. 아마추어 투자자는 주가가 오르면 마음이 들뜨지만 노련한 프로는 더욱 냉정해진다. 미실현 수익은 문자 그대로 장부상의 이익일 뿐이기 때문이다. 주식을 매도해서 수익을 실현하기 전까지는 아직 내 돈이 아니다. 시장은 한시도 가만있지 않고, 주가는 끊임없이 오르내린다. 아무것도 확정된 건 없다. 조심하지 않으면 언제든 실수를 저지를 수 있다.

곰을 잡은 다음에야 가죽을 팔 수 있다.
Catch your bear before you sell its skin.

하락도 나쁘지 않다

**It is the duty of shareholders to periodically suffer loss
without complaint.**

주식 투자자라면 정기적으로 찾아오는 주가 하락을 아무런 불평 없이
감수해야 한다.

주식 투자로도 성공한 몇 안 되는 경제학자인 존 메이너드 케
인즈가 즐겨 한 말인데, 이건 투자자의 의무이기도 하다. 워런
버핏은 여기서 한 발 더 나아가 주가 하락을 긍정적으로 바라
보라고 주문한다. 버핏이 자주 예로 드는 게 햄버거 가격이다.
"맥도날드가 오늘 햄버거 가격을 낮춘다면 매우 좋은 일이다."
가격이 떨어졌다고 해서 어제 더 비싸게 주고 산 것을 아쉬워
할 게 아니라 오늘 더 싸게 살수 있게 된 걸 기쁘게 생각하라
는 말이다. 주식을 사려고 하는 입장에서 보면 주가가 떨어지
는 건 좋은 일이다.

※

주가 하락이 무조건 나쁘다는 생각은 잘못된 것이다.
Investors mistakenly think falling stock prices are bad.

머리와 엉덩이

Your brain figures out the moves, but your backside gets the money.

시장의 움직임은 머리로 파악하지만 돈을 벌어주는 것은 엉덩이다.

강세장에서 해야 할 일은 일단 주식을 매수한 다음 강세장이 끝나간다는 확신이 들 때까지 계속 보유하는 것이다. 그러나 이 단순한 가르침을 지키지 못해 얼마나 많은 투자자들이 다 잡았던 기회를 스스로 놓아버리고 마는가? 기회를 잡는 것보다 기회가 왔을 때 끝까지 밀어붙이는 게 더 중요하다. 시장을 정확하게 바라보는 눈도 필요하지만 자신의 판단이 옳았을 때 계속해서 포지션을 유지해나가는 것이야말로 프로와 아마추어를 구분짓는 결정적인 자세다.

❧

초조하게 지켜볼수록 냄비는 끓지 않는 법이다.

A watched pot never boils.

순발력

Success rides upon the hour of decision.
성공이란 결정하는 순간에 달려있다.

주식시장만큼 이 말이 딱 들어맞는 곳도 없다. 다만 성공하려면 행동에 나설 수 있는 용기가 필요하다. 정확한 판단을 내린 다음 시장 흐름이 그렇게 움직여주면 즉각 행동해야 한다. 누가 설명해주기를 기다린다거나 이유가 밝혀지고 한번 더 확인될 때까지 머뭇거리다 보면 타이밍을 놓치고 만다. 생각만 하고 행동에 옮기지 않으면 아무것도 남지 않는다. 그건 가상의 투자에 불과할 뿐이다. 느리게 창공을 선회하다 결정적인 순간을 잡아 먹이를 낚아채는 매처럼 민첩하게 행동해야 한다. 그래야만 정확한 판단에 따른 보상을 손에 쥘 수 있다.

❧

때를 놓쳐서는 안 된다.
Strike while the iron is hot.

과도한 집착

The wish is father to the thought.
희망하는 것은 실제로 믿게 된다.

많은 투자자들이 마음속에 환상을 품고 있다. 자신이 매수한 주식이 내일부터 오르기 시작해 몇 배로 뛸 것이라는 "기적에 대한 믿음"을 갖고 있는 것이다. 이런 장밋빛 환상은 희망에 대한 과도한 집착에서 비롯된다. 간절히 희망하다 보니 자신도 모르게 믿게 되는 것이다. 희망이 믿음으로 전이되면 거짓 소문들을 사실로 받아들이고, 이미 드러난 사실은 믿지 못하게 된다. 그러면 객관적인 시각을 가질 수 없고 냉정한 판단도 힘들어진다. 어느 정도의 낙관론도 필요하지만 밤낮 희망에 취해 있어서는 안 된다.

희망은 맹목적이다.
Hope is blind.

CEO의 시각으로

**Anyone who is inclined to invest should look at
investment as a business and treat it.**

투자를 하겠다면 반드시 사업가의 시각으로 바라보고,

그렇게 투자를 해야 한다.

프로와 아마추어 투자자의 차이는 여기에 있다. 이것은 또한 성공하는 투자자의 비밀이기도 하다. 투자는 아주 힘든 일이고 많은 노력을 필요로 한다. 주식 투자로 성공한다는 것은 투자라는 사업에서 성공하는 것이다. 성공하는 사업가는 자신의 사업에 전념한다. 대충대충 해나가거나 요행을 바라지 않는다. 투자자 역시 자신의 포트폴리오를 경영하는 최고경영자(CEO)의 시각으로 주식시장을 바라봐야 한다.

❧

투자는 사업이다. 어림짐작이나 도박이 아니다.

Investment is a business. It is neither guesswork nor a gamble.

감정은 버리고

Never invest on sentiment.
감정에 이끌려 투자하지 말라.

돈 잘 버는 친구가 다니는 회사라고 해서, 혹은 내 이름으로 처음 구입한 승용차 브랜드라고 해서 그 기업 주식을 무턱대고 매수하는 투자자가 있다. 물론 괜찮은 기업일 수 있다. 그러나 투자 결정은 냉정해야 한다. 아무리 애정이 넘치고 인연이 닿는 회사라 하더라도 수익을 올리지 못하면 그건 잘못된 투자다. 게다가 감정에 이끌리다 보면 균형 감각을 잃을 수 있다. 나쁜 점은 애써 외면하고 좋은 점에만 눈이 가는 것이다. 하지만 그렇게 투자했다가 손실이 나면 누구에게 하소연할 것인가?

❧

자신의 감정을 제어할 줄 알아야 한다.
Control your temper.

투자는 어렵다

Investment is both an art and a science.
투자는 기술인 동시에 과학이다.

성공적인 투자자로 한 시대를 풍미한 버나드 바루크는 이렇게 말했다. "주식 투자를 하겠다면 일단 모든 것을 포기할 각오를 해야 한다. 준비가 됐다면 시장과 주요 기업의 역사와 배경을 하나부터 열까지 공부해야 한다. 의대생이 해부학 공부를 하듯 꼼꼼하게 해야 한다. 그 다음에는 일류 도박사의 냉정한 감각과 먼 앞날까지 내다볼 수 있는 육감, 사자와 같은 용기를 가져야 한다. 그러면 비로소 당신 앞에 희미한 안개처럼 기회라는 게 나타날 것이다."

주식시장에서 수익을 올리는 것만큼 어려운 일도 없다.
Nothing is more difficult than profiting in stocks.

장기 투자에 답 있다

The longer a risky asset is held, the less the chance of a loss.

위험 자산은 보유 기간을 길게 가져갈수록 손실 가능성을 줄일 수 있다.

주식은 채권에 비해 위험 자산으로 꼽힌다. 손실을 볼 가능성, 즉 리스크가 크다는 말이다. 그럼에도 불구하고 주식 투자를 하는 이유는 그만큼 더 높은 수익을 올릴 수 있기 때문이다. 그런데 이건 장기적으로 봤을 때만 그렇다. 제레미 시겔 교수가 쓴 《장기 투자 바이블Stocks for the Long Run》을 보면 지난 200년간 주식 수익률이 채권 수익률을 앞선 것은 햇수로 따져 전체의 61%에 불과했지만, 10년 평균 수익률로 따지면 80%, 30년 평균 수익률로 계산하면 99%에 달했다. 장기 투자에 답이 있다는 말이다.

❧

서두를수록 오히려 더 늦어진다.
More haste, less speed.

내 돈은 내가 지킨다

You must keep your own records.
자기 손으로 정리하고 기록하라

자신의 투자 기록은 반드시 직접 적어서 정리해야 한다. 귀찮다고 아무것도 기록하지 않는다거나 남에게 맡겨버리려면 차라리 주식 투자를 그만두는 게 낫다. 투자 노트를 만들어 손수 기입하다 보면 자신이 저지른 실수를 냉정하게 바라볼 수 있고, 여기서 새로운 아이디어를 얻을 수도 있다. 아무도 알려주지 않는 아이디어를 스스로 발견하는 것이다. 이것이야말로 성공의 비법이며, 이 비법은 자기 혼자만 간직할 수 있다.

❧

당신의 돈은 당신이 잘 지켜줘야 당신 곁을 떠나지 않는다.
Your money will remain with you just so long as you guard it.

추세

Concentrate first on deciding the market trend.
우선 시장의 추세가 어느 방향인지 판단하는 데 집중하라.

아무리 뛰어난 우량주도 시장 전반이 약세로 돌아서면 나 홀로 상승하기 힘들다. 개별 종목의 분석에 앞서 시장의 추세를 연구해야 하는 이유는 이 때문이다. 더구나 기업의 내재가치와 적정 주가 수준을 정확히 분석해 투자하는 것보다는 시장의 강세 혹은 약세 흐름에 따라 투자하는 게 확률적으로 수익을 올릴 가능성이 더 높다. 정확한 내재가치와 적정 주가를 맞추기란 거의 불가능하다. 그러나 시장 흐름은 노력하면 적어도 그 방향은 알 수 있다.

과거에서 현재로 이어지는 추세가 서투른 추측보다 낫다.
A trend from 'was' to 'is' contains better percentages than clumsy guessing.

손실을 가볍게 다루지 말라

Of all speculative blunders there are few greater than trying to average a losing game.

손실이 난 종목을 계속 물타기 하는 것만큼 큰 실수도 없다.

투자를 하든 투기를 하든 손실을 보는 것은 언제든 감수해야 한다. 항상 수익만 거두고 결코 손실을 보지 않는 투자자는 이 세상에 없다. 관건은 손실이 치명상으로 이어져서는 안 된다는 것이다. 자신의 실수를 인정하고 재빨리 빠져나오면 된다. 문제는 시장과 한판 겨루기를 하듯 계속해서 물타기를 하는 것이다. 그러면 손절매 기회는 영영 사라지고, 다음 기회가 오기 전에 먼저 퇴출당한다. 손실이 났다는 것은 게임에서 졌다는 말이다. 이미 승부가 난 게임을 물고 늘어져봐야 힘만 빠지고 몸만 축난다.

손실을 가볍게 다루지 말라. 그건 심각한 것이다.
Don't treat your losses lightly. They are serious.

투자 이유를 적어두라

Always write down your cogent reasons for making an investment.

자신이 투자한 설득력 있는 이유를 항상 적어두라.

즉흥적으로 혹은 감정에 휩싸여 투자하면 대개 실망스러운 성과로 이어진다. 그래서 투자를 하기 전에 그 이유를 적어두라는 것이다. 무엇을 기대하고 그 주식을 매수하는지, 수익과 리스크는 각각 얼마인지, 그 근거는 무엇인지 차근차근 기록하는 것이다. 이렇게 하면 투자 위험을 줄일 수 있을 뿐만 아니라 덤으로 마음의 평화까지 얻을 수 있다. 게다가 나중에 투자 수익이 나든 손실이 나든 그것이 어디서 비롯됐고 어떻게 커졌는지 파악할 수 있다. 실은 이 자체가 큰 공부고 귀중한 자산이다.

❧

제대로 매수했다면 절반 이상은 이기고 들어가는 것이다.

A stock well bought is far more than half the battle.

영원한 것은 없다

Don't swear eternal allegiance to either the bull or the bear side.

강세론 혹은 약세론에 영원한 충성을 맹세하지 말라.

중요한 것은 얼마나 정확한 판단을 하느냐다. 강세장이든 약세장이든 언젠가는 끝난다. 아무리 강력한 상승장도 반드시 하락하는 날이 온다는 점을 잊어서는 안 된다. 따라서 시장의 경고 신호가 나타나는지 주의 깊게 지켜봐야 한다. 일단 경고음이 울리면 빠져나가야 한다. 굳이 강세론을 고집하거나 약세론에 매달려 있을 필요는 없다. 강세장이 지속되는 기간에는 강세 시각을 유지하고, 약세장이 시작되면 약세 시각으로 바라보면 된다. 오로지 시장의 한 쪽 하고만 함께 하겠다는 것처럼 어리석은 일도 없다.

❧

영원히 지속될 수 없는 것은 끝나게 마련이다.
Anything that can't go on forever will end.

주문을 내는 손은 하나다

0318

Two people can't play a violin.
두 사람이 동시에 하나의 바이올린을 켤 수는 없다.

세계 최대의 자산운용회사 피델리티를 일궈낸 에드 존슨이 한 말이다. 그는 전통적으로 투자위원회가 결정했던 뮤추얼펀드의 포트폴리오 투자 방식을 완전히 바꿔 한 명의 펀드매니저에게 맡겼다. 그렇게 해서 펀드매니저는 자신의 독창적인 아이디어를 신속하게 실행할 수 있었다. 개인 투자자의 경우도 마찬가지다. 스스로 결정을 내리지 못하고 여기저기 기웃거리다가 꼭 실수를 저지른다. 매수 주문이든 매도 주문이든 주문을 내는 손은 하나다.

❧

주식시장에서 성공하기 위해서는 반드시 독자적으로 결정을 내려야 한다.
To succeed in the market, it is essential to make your own decisions.

투자는 정밀과학이 아니다

Theory is one thing and practice is another.
이론과 실제는 전혀 다르다.

주식 투자가 어려운 것은 인간의 감정이 개입되기 때문이다. 그래서 경제학자나 회계사보다 오히려 심리 전문가가 더 나은 수익률을 올린다고들 한다. 주가가 계속해서 떨어지고 있는데도 많은 투자자들은 손절매하기를 싫어한다. 오히려 물타기로 매수단가를 낮추려다 리스크만 크게 높인다. 반대로 한번 판 주식은 더 높은 가격으로는 절대로 다시 사지 않는다. 이 바람에 좋은 기회를 두 번씩 놓치곤 한다. 투자의 세계에서 성공하기 위해서는 지식이나 사실 수집도 필요하지만 핵심 요소는 감각적인 판단과 이를 뒷받침하는 경험이다.

❧

투자는 정밀과학이 아니다.
Investment is not an exact science.

불확실할 때 붙잡으라

If you wait until you have a good reason, you would miss a great opportunity.

충분한 이유가 나올 때까지 기다렸다가는 결정적인 기회를 놓칠 수 있다.

기회는 불확실할 때 붙잡아야 한다. 주식을 매수하든 매도하든 그 이유를 완전히 파악할 때까지 기다린다면, 적시에 나섰을 경우 잡을 수 있었을 기회를 놓쳐버리고 말 것이다. 투자자가 꼭 파악해둬야 할 단 한 가지 "이유"는 시장 그 자체의 움직임뿐이다. 시장의 움직임이 자신의 예상과 틀린다거나 마땅히 가야 할 방향으로 가지 않는다면 그게 바로 자신의 판단을 바꾸고 즉시 그에 따라 행동해야 할 이유다. 시장이 그렇게 움직이는 데는 반드시 그럴만한 이유가 있다. 기회는 그 이유가 알려지기 전에 붙잡아야지 이유가 밝혀진 다음에는 이미 늦다.

❧

기회는 두 번 찾아오지 않는다.
Opportunity seldom knocks twice.

돈을 잃어봐야 배운다

There is nothing like losing all you have for teaching you what not to do.

가진 돈을 전부 잃는 것만큼 제대로 가르쳐주는 것도 없다.

가진 돈을 전부 날려봐야 자기 자신의 참모습을 알 수 있다. 자신이 저지른 실수가 어떤 결과로 이어졌는지 뼈저리게 느껴야 다시는 그런 잘못을 되풀이하지 않는다. 주식시장은 늘 이런 식으로 훌륭한 배움의 기회를 제공하지만, 가르치는 동안 회초리를 아끼지 않는다. 그것도 아주 가혹하게 매를 때린다. 손실이 어디에서 비롯됐는지 알아야 비로소 수익을 얻기 위해서는 무엇을 해야 하는지 깨닫기 시작하는 것이다. 가혹하지만 그것이 주식시장의 단련 방법이다.

돈을 잃어봐야 자기 자신에 대해 배운다.
Losing money teaches you about yourself.

황금알을 낳는 거위

If a company has dynamic growth prospects, do not sell it just because it looks temporarily too high.

미래 성장성이 아주 뛰어난 기업이라면 일시적으로 주가가 너무 올랐더라도 매도하지 말라.

주식 투자자들이 저지르는 가장 흔한 실수가 이런 것이다. 단지 최근 1년새 주가가 두 배나 올랐다고 해서 좋은 주식을 팔아 치운다. 속으로는 주가가 떨어지면 다시 사겠다고 다짐하지만, 이런 주식은 막상 팔고 나면 더 낮은 가격으로 사기 힘들어진다. 결국 폭발적인 상승 가능성을 가진 최고의 주식을 놓쳐버리는 것이다. 자기 눈높이보다 조금 더 높이 올라갔다고 해서 앞날이 기대되는 위대한 기업의 주식을 매도한다면 두고두고 후회할 것이다. 노련한 투자자일수록 오히려 이런 종목을 발굴하려고 애쓴다.

❦

황금알을 낳는 거위를 죽이지 말라.
Kill not the goose that lays the golden eggs.

너무 빠른 적응

A man adapts himself to conditions so quickly that he
loses the perspective.

사람들은 상황에 너무 빨리 적응하는 바람에 균형감각을 상실해버린다.

백만장자가 되고 난 뒤에는 이전에 자신이 어떻게 생활하고
생각했는지 잘 기억하지 못한다. 주식 투자자들도 한번 큰돈
을 벌면 눈깜짝할 사이에 절약하는 습관을 잊고 무절제한 사
치와 낭비로 빠져드는 경우가 많다. 돈을 다 날린 다음에는
낭비하는 태도를 고치려 해도 잘 안 된다. 결국 허영으로 인
한 값비싼 대가를 치러야 하는 것이다. 만족할 줄 모르고 끊
임없이 더 큰 만족을 찾아 헤매는 이유는 너무 빨리 적응하기
때문이다. 인간은 상황에 재빨리 적응하도록 진화해왔고, 그
건 인간의 숙명이다. 하지만 샴페인만 즐기다가는 맥주 살 돈
도 떨어지고 만다.

❧

고상한 입맛은 지갑을 비운다.
A lordly taste makes a beggar's purse.

거래가 잦을수록

Nobody can be successful by speculating every day or every week.

매일 혹은 매주 거래를 해서는 누구도 성공할 수 없다.

포커 게임 하듯 주식 투자를 하는 사람이 있다. 한 판도 빠지지 않고 매판마다 돈을 걸고 싶어하는 것이다. 그러나 알다시피 포커든 브리지든 이렇게 하다 보면 잃을 수밖에 없다. 항상 좋은 카드가 들어올 수는 없기 때문이다. 투자자에게 이런 충동은 치명적이다. 여기서 벗어나지 못하면 파멸의 길로 빠져들 수밖에 없다. 주식 투자도 하나의 사업이다. 막연한 희망을 사업에 개입시켜서는 안 된다. 훌륭한 기회가 왔을 때 제대로 베팅하기 위해서라도 물러서야 할 때 물러설 줄 알아야 한다. 정확한 판단보다 더 중요한 것은 판단이 정확했을 때 얼마나 많은 수익을 거두느냐다.

.

❧

거래가 잦을수록 비용만 커진다.
Many trades, many losses.

바로미터

The stock market merely registers, and does not cause, what takes place in the realm of business and profits.

주식시장은 기업 경기와 실적 변동의 원인 제공자가 아니다. 단순한 기록자일 뿐이다.

주식시장은 바로미터다. 그런데도 많은 사람들이 오해한다. 주식시장이 살아나면 경제도 살아나고 주식시장이 죽으면 경제도 죽는다고 말이다. 심지어 대공황이 주가 폭락에서 비롯됐다며 주식시장을 향해 비난의 화살을 퍼붓기도 한다. 이건 마치 얼음이 어는 바람에 날이 추워졌다고 하는 것이나 마찬가지다. 이런 오해의 원인은 주식시장이 앞으로의 경기 변동을 미리 반영하기 때문이다. 몇 달 뒤의 기업 실적을 예측해 현재 주가에 반영하는 것이다.

❧

시장은 예상할 수 없는 것을 제외한 모든 것을 전부 반영한다.
The market discounts everything but the completely unexpected.

터지고 나서야 안다

Look out for the buying fever. It is a dangerous disease.

매수 열기에 휩싸이지 않도록 조심하라. 그건 아주 위험한 질병이다.

주식시장이 뜨겁게 달아오를 때면 존 템플턴 경이 남긴 유명한 경구를 한번쯤 상기해 볼 필요가 있다. "이 세상에서 가장 비싼 네 단어는 '이번엔 정말 뭔가 달라(This time it's different)'다." 17세기 네덜란드에서 일었던 튤립 투기 열풍에서 1990년대 말의 닷컴 광기에 이르기까지 모든 투기 거품들은 진짜로 그럴듯하게 보였다. 그러니까 너도나도 매수 열기 휩싸였던 것이다. 시장은 이렇게 터무니없는 광기에 주기적으로 빠져드는 것인데, 그럴수록 잊지 말아야 할 교훈이 있다.

༄

거품은 터지고 난 다음에야 비로소 그 정체를 드러낸다.
You can only identify a bubble after it bursts.

잘못된 투자

Speculation is an ingrained human quality.

투기란 인간의 타고난 본성이다.

합리적으로 계산해보면 기대수익이 원금의 절반에도 못 미치는데도 수많은 사람들이 경마장이나 카지노에 가고 매주 로또 복권을 구입한다. 1등 당첨 가능성은 희박하지만 걸리기만 하면 아주 큰돈을 벌 수 있기 때문이다. 초보 투자자들이 주식시장에 뛰어드는 이유도 이와 별반 다르지 않다. 괜찮은 종목을 잘만 고르면 대박을 터뜨릴 수 있을 것 같기 때문이다. 그러나 이건 타고난 투기 본능이 아니다. 이길 확률이 낮은데도 무모하게 승부를 걸고 거기서 스릴과 재미를 느끼는 것은 투기 본능이 아니라 비합리적인 행동일 뿐이다.

❧

짜릿한 흥분을 가져다 주는 투자는 대개 잘못된 것이다.
Exciting investments are usually a bad deal.

잘 관찰해보면

Listen for opportunity's call.

기회의 부름에 귀를 기울이라.

누구도 주식시장의 변곡점을 정확히 예측할 수 없고, 최고의 종목을 확실한 타이밍에 집어낼 수 없다. 하지만 잘 관찰해보면 주가가 대체로 너무 높다거나 너무 낮다는 게 분명하게 보일 때가 있다. 가령 너도나도 주식 매수에 뛰어들어 대부분의 종목이 연중 최고가를 경신했다거나 주위를 아무리 둘러봐도 주식을 사려는 사람이 없어 주가가 그야말로 바닥권에서 탈출할 기미조차 보이지 않는 경우다. 지금이 투자할 때인지 여부를 판단하기 힘들 때가 있고, 투자할 만한 매력적인 대상이 안 보일 때가 있다. 그러나 실은 그럴 때가 기회다. 행운의 여신은 인내하고 기다려야 만날 수 있다.

※

끝까지 기회를 활용하라.
Press luck to the finish.

약세장은 기회

Bear markets will create opportunities.

약세장은 기회를 만들어 준다

베스트셀러 《최고의 주식 최적의 타이밍How to Make Money in Stocks》의 저자이자 월가의 투자 전략가로 유명한 윌리엄 오닐은 약세장이야말로 주식 투자자에게 최고의 기회라고 말한다. 시장 전반의 약세 분위기로 인해 우량 기업 주식마저 큰 폭으로 떨어지기 때문이다. 오마하의 현인으로 불리는 워런 버핏은 지금까지 주식 투자를 제일 잘 했던 시기로 1974년을 꼽는다. "오일 쇼크와 스태그플레이션으로 인해 비관론이 극도에 달했지만 정말로 싼 종목이 많았다"고 그는 말한다. 약세장이라고 무조건 실망하거나 포기할 필요는 없다.

유능한 어부에게 쓸모 없는 물고기란 없다.
All is fish that comes to the net.

누가 경영하고 있는가

Ask who manages the company whose stock you want to buy.

당신이 주식을 사려고 하는 기업을 누가 경영하는지 살펴보라.

주식을 산다는 것은 기업을 사는 것이다. 단 1주를 매수하더라도 그 기업을 소유한다는 생각으로 투자해야 한다. 그래야 그 기업의 실체를 확실히 파악할 수 있고, 제대로 알고서 투자할 수 있다. 자신의 돈이 어디로 가는지도 알지 못한다면 그건 투자가 아니라 복권을 사는 것이나 마찬가지다. 최고경영자(CEO)도 이와 똑같은 생각을 갖고 있어야 한다. 능력이 출중할 뿐만 아니라 자기 회사라는 마음을 갖고 경영하는 CEO라야 한다. 그렇지 않은 사람에게 어떻게 내 소중한 재산을 맡길 수 있겠는가?

주인처럼 생각하는 CEO를 찾으라.
Find CEOs who think like owners.

작전세력

Don't follow pool operation. The pools are out to get you.
작전세력을 따라 하지 말라. 세력은 당신을 떨어뜨리고 갈 것이다.

주식 풀(stock pool)이란 돈 많은 투기꾼들이 모여서 만든 작전세력으로 20세기 초까지 월스트리트를 주름잡았다. 지금도 그렇지만 이들은 특정 종목의 주가가 쌀 때 조용히 대규모로 매집한 다음 아주 노련한 솜씨로 주가를 끌어올린다. 이 과정에서 작전세력은 서로 매매를 주고 받으며 거래량을 늘려간다. 그래서 대중들이 시세표나 차트를 통해 상승세를 눈치채고 매수에 뛰어들 즈음이면 주가는 이미 한참 오른 뒤여서 세력들은 빠져나가고 있을 가능성이 높다. 이들의 목적은 어디까지나 대중을 이용하려는 것이지 이익을 나눠주려는 게 아니다.

돌에게서 자비를 구할 수는 없는 법이다.
You cannot get blood from a stone.

가격과 가치

Price is what you pay. Value is what you get.

가격은 당신이 지불하는 것이고, 가치는 당신이 얻는 것이다.

현명한 투자자일수록 가격과 가치를 구별할 줄 안다. 가격은 시시각각 변하지만 가치는 하루 이틀 사이에 바뀌지 않는다. 가격 변동을 좇아 투자하려다 보면 기업 가치의 상승에 따른 장기적인 투자 수익은 기대할 수 없다. 가치를 보고 투자했다면 일시적인 투매로 주가가 떨어졌어도 불안해하지 않을 것이다. 가격을 사지 말고 가치를 사라는 말은 그래서 나온 것이다. 주식시장은 단기적으로 보면 존 메이너드 케인스의 말처럼 인기 투표장일 수 있지만, 장기적으로 보면 기업의 무게와 질을 달아 측정해내는 곳이다.

❧

결국에는 진정한 가치가 말해준다.
True value will win out in the end.

돼지가 되지 말라

**The bulls make money, the bears make money,
but what happens to the pigs?**

황소도 돈을 벌고 불곰도 돈을 벌지만 돼지는?

탐욕은 금물이다. 강세 마인드를 갖고서 시장의 상승 쪽에 베팅하든, 약세 시각에 기울어 하락 쪽에 돈을 걸든 그것이 합리적이기만 하다면 얼마든지 수익으로 연결될 수 있다. 비록 단기적으로는 판단이 틀릴 수 있어도 중장기적으로는 충분히 바로잡을 수 있기 때문이다. 그러나 오로지 눈앞의 돈벌이에 급급해 혹은 다른 사람들의 높은 수익률이 탐이 나서, 수시로 변하는 시장의 등락에 편승한다거나 시도 때도 없이 이 종목 저 종목으로 갈아타다가는 절대로 좋은 성과를 거둘 수 없다. 주식 투자는 냉정하게 길게 내다보고 하는 게임이다.

❦

탐욕과 시기를 경계하라.
Beware of greed and envy.

주식은 종이조각

The stock doesn't know you own it.

주식은 당신이 자기를 소유하고 있다는 사실을 모른다.

투자자의 정체성과 투자 행위의 정체성은 냉정하게 구분해야 한다. 주식은 기업이 발행한 종이조각에 불과하다. 당신이 그 주식을 가졌든 말았든 주식은 당신과 아무 관계 없이 움직인다. 그 주식의 내재가치가 커지거나 줄지도 않는다. 매일매일 결정되는 주가는 매수자와 매도자의 합의일 뿐이다. 당신이 주식을 아무리 사랑해도 주식은 아무런 보답도 해주지 않는다. 그저 당신의 짝사랑일 뿐이다. 설사 종이조각에 불과한 주식이 당신을 사랑해본들 무슨 소용이 있겠는가?

주식과 사랑에 빠지면 현명한 판단을 내릴 수 없다.

One cannot love and be wise.

바보도 경영할 수 있는 기업

You should invest in a business that even a fool can run.
바보도 경영할 수 있는 기업에 투자하라.

왜? 언젠가는 바보가 경영할 수도 있으니까. 이 말은 빌 게이츠가 〈하버드 비즈니스 리뷰〉에 쓴 '내가 워런 버핏에게서 배운 것'에서 소개한 것인데, 실은 역설적인 의미를 담고 있다. 워런 버핏은 자신이 왜 코카콜라 주식에 투자했는지를 이렇게 설명하면서 한마디 덧붙였다. 한 10년 동안 어디를 다녀와야 하는데, 떠나기 전에 딱 하나의 기업에만 투자해야 한다면 어디에 투자할 것인가? 세계적인 대공황이 닥쳐도, 원료 값이 천정부지로 뛰어도 잘 견뎌낼 뿐 아니라 계속해서 성장할 수 있는 기업이라야 할 것이다.

❧

아주 탁월한 기업을 구하라.
Seek excellent companies.

위험 신호가 깜박거릴 때

**If something was wrong somewhere, you'd better be
out of the market.**

뭔가 잘못돼 가고 있다는 느낌이 들었다면 빠져 나오는 게 상책이다.

철길을 따라 걸으며 모처럼 추억에 젖어 있는데, 기차가 시속 200킬로미터로 당신을 향해 달려오고 있다면 어떻게 하겠는가? 바보 천치가 아닌 다음에야 당장 철길에서 벗어날 것이다. 기차가 지나간 다음에도 언제든 다시 철길을 걸으며 생각에 잠길 수 있다. 주식시장에서도 위험 신호가 감지되면 일단 피하는 게 좋다. 만일 자신의 육감이 틀린 것으로 판명 나면 그때 다시 복귀하면 된다. 달려오는 기차는 무조건 피해야 한다.

☙

위험 신호가 깜박거릴 때는 다투지 말라. 그냥 빠져 나오라.
When you see a danger signal, don't argue with it. Get out.

분산 투자

Don't put all your eggs in one basket.
달걀 전부를 한 바구니에 담지 말라.

분산 투자를 강조할 때 항상 하는 말이다. 갖고 있는 달걀 전부를 한 바구니에 담았는데 그 바구니를 떨어뜨린다면 한꺼번에 전부 잃을 수 있다. 제아무리 신중하게 투자하고 사전에 철저한 조사를 했더라도 100% 확신할 수는 없다. 주식이든 채권이든 위험 분산은 필수적이다. 다양한 업종의 여러 기업 주식과 채권, 각종 상품은 물론 리스크가 다른 여러 나라의 유가증권에 투자하는 것도 필요하다. 이렇게 그물을 넓게 만들어 던지면 그만큼 노력한 대가를 얻을 수 있다.

☙

위험을 분산하고 분산하고 또 분산하라.
Diversify, diversify, diversify!

한 바구니에 담으라

Over-diversification acts as a poor protection against lack of knowledge.

지나친 분산 투자는 무지를 가려주는 허술한 보호막일 뿐이다.

바로 앞의 "달걀을 한 바구니에 담지 말라"는 말처럼 분산 투자를 강조하는 격언은 수없이 많다. 그러나 너무 많은 종목을 한꺼번에 보유할 경우 종목별로 일일이 신경을 쓰기 어렵다. 그러면 리스크를 낮추기는커녕 수익률만 떨어뜨리기 십상이다. 어느 정도 투자 경쟁력을 갖추었다면 소수의 종목에 집중 투자하는 게 바람직할 수 있다. 투자 종목의 숫자를 최소화하면 각각의 종목에 대해 상세한 내용을 충분히 파악할 수 있고, 시장이 급변할 때 신속히 대응할 수 있다.

❧

달걀을 한 바구니에 담아 예의주시할 필요가 있다.
Put your eggs in one basket and watch the basket.

동전의 양면

Risk is the possibility of losing money.
리스크란 자기 돈을 잃을 가능성이다.

리스크는 어려운 전문용어가 아니다. 그런데도 많은 투자자들이 리스크를 따져보지도 않고 덥석 주식시장에 뛰어든다. 그러면서 이렇게 말한다. "은행 이자보다야 높지 않겠어?" 자신이 가졌던 돈이 줄어들거나 아예 완전히 사라진다는 게 어떤 느낌인지는 직접 경험해보지 않고서는 모른다. 실제로 당해보지 않은 사람은 대충만이라도 알지 못한다는 말이다. 더 높은 수익률을 가져다 주는 자산은 그만큼 더 큰 리스크를 수반한다. 수익률과 리스크는 동전의 양면과 같다.

❧

수익이 있는 곳에는 반드시 위험이 도사리고 있다.
Where there is return, there also lurks risk.

물타기는 금물

It is foolhardy to make a second trade, if your first trade shows you a loss.

첫 거래에서 손실이 났는데 재차 똑같은 거래를 한다면 정말 바보짓이다.

노련한 투자자는 시장이 자신에게 유리하게 흘러갈 때 투자 규모를 늘려 이익을 키워나간다. 반면 초보자는 시장이 자신에게 불리하게 움직이는데도 투자를 늘려 손실을 눈덩이처럼 불린다. 어떤 주식을 매수했는데 주가가 올라가면 보유 물량을 늘리거나 팔지 말고 기다려야 한다. 자신이 옳았음을 시장이 확인해주는 것이기 때문이다. 그러나 주가가 떨어진다면 매수 결정이 틀렸다는 것이므로 재빨리 매도해야 한다. 주가는 시장이 알려주는 신호다. 경고등이 켜졌는데도 이를 무시한다면 대가를 치를 수밖에 없다.

☙

물타기는 금물이다.

Never average losses.

먼저 조사하라

Judgment is the best protector of energy, information is the best protector for resources.

정확한 판단을 내리면 힘을 낭비할 필요가 없고, 정확한 정보가
있으면 가진 돈을 지킬 수 있다.

연구하고 계획하고 분석하라. 그래야 시행착오를 줄일 수 있
다. 현명한 투자자는 확실한 정보에 기초해 투자한다. 스스로
조사하든 전문가의 도움을 받든 투자의 기본은 지식이다. 지
적 역량을 길러야 최고의 투자 결정을 내릴 수 있다. 충분한
연구와 숙고의 과정을 거쳐 의사결정을 하고, 필요할 경우 전
문가의 도움을 구하려는 자세는 투자자에게 꼭 필요한 요소
다.

投資하기 전에 먼저 면밀히 조사하라.
Investigate before you invest.

진득한 자세

Men who can both be right and sit tight are uncommon.

옳은 판단을 내리는 동시에 진득하게 앉아 있는 사람은 드물다.

성공하는 투자자라면 정확한 판단을 내리는 것은 물론 자신의 신념을 꿋꿋이 밀고 나갈 용기를 지녀야 한다. 또한 시장이 열매를 맺을 때까지 느긋하게 기다릴 수 있는 지혜로운 인내도 가져야 한다. 많은 투자자들이 정확한 판단을 내리고도 큰돈을 벌지 못하는 이유는 진득하게 앉아 있지 못하기 때문이다. 뛰어난 종목 선택과 적절한 매매 타이밍 선정보다 더 중요한 것은 기다릴 줄 아는 지혜다.

༺ཉ༻

훌륭한 트레이더가 되려면 정확한 판단력과 인내를 갖춰야 한다.
Requirements of a good trader are judgment and patience.

모두가 비관할 때

Buy low at the point of maximum pessimism.

비관적 분위기가 최고조에 달했을 때 매수하라.

주식 투자자들은 누구나 싸게 사서 비싸게 팔고 싶어한다. 그런데 막상 보면 많은 개인 투자자들이 비싸게 사서 싸게 판다. 이들이 주식을 매수하는 시점은 소위 시장 전문가들이 장밋빛 전망을 내놓은 다음이기 때문이다. 주가가 한창 치솟을 때는 너도나도 주식을 사고 싶어한다. 반면 주가가 급락하면 모두들 자신감을 잃고 팔아 치우려 한다. 어리석기 짝이 없는 일이지만 이게 인간의 본성이고 한계다.

❧

모두가 비관적인 시각을 가졌다면 더 이상의 폭락은 없을 것이다.

When everyone is pessimistic, a further market collapse is a rare event.

신중하게

Never make any trade unless you know you can do so with financial safety.

지금 이 거래를 해도 안전하다는 게 확실치 않다면 절대 거래하지 말라.

과도하게 거래하는 것만큼 위험한 일도 없다. 잦은 거래는 금방 습관이 된다. 일단 이런 습관이 몸에 배면 제아무리 똑똑한 투자자도 이를 멈추기 어렵다. 과도한 트레이딩에 흥분하게 되고, 결국 성공 투자에 필수적인 냉정한 균형감각마저 상실해버린다. 자기 판단이 늘 옳을 것 같지만 틀리는 날은 반드시 오고야 만다. 주식 투자에서 방심은 금물이다. 신중해질 필요가 있다. 자신이 지금 무슨 일을 하고 있는지 한번 더 돌아보고 거래해도 늦지 않다.

❦

잔을 입술로 가져가는 사이에도 얼마든지 실수할 수 있다.
There is many a slip twixt the cup and the lip.

손절매

People like to take profits and don't like to take losses.

누구나 이익은 얻고 싶어하지만 손실은 취하기 싫어한다.

투자 손실은 반드시 초기에 잘라내야 한다. 월스트리트의 프로들이 한결같이 강조하는 투자의 불문율도 손절매다. 손절매 원칙은 초등학생도 쉽게 배울 수 있는 간단한 내용이다. 그러나 실제로 많은 투자자들이 이 원칙을 제대로 지키지 못하고 손실을 키우다 낭패를 보는 까닭은 손절매가 인간의 본성과 어긋나기 때문이다. 누구나 자기가 매수한 가격 아래로는 팔고 싶어하지 않는다. 그래서 손절매를 주저하는 것인데, 그랬다가 주가가 하염없이 떨어지는 것을 지켜봐야 했던 경험은 다들 한두 번쯤 해봤을 것이다.

작은 손실이 큰 손실로 이어지는 법이다.

After one loss comes many.

0415
대중 심리

The most important single factor in stock market is public psychology.

주식시장에서 가장 중요한 요소를 딱 하나 꼽는다면 대중 심리다.

인터넷 붐이 일자 회사 이름에 닷컴만 들어가면 주가는 기업 가치와 상관없이 급등세를 탔다. 바이오 열풍이 몰아치자 실험용 쥐를 공급하는 회사 주식까지 테마주로 각광받았다. 이들 기업의 주가가 오른 이유는 대중들이 사고 싶어했기 때문이다. 그렇게 과대평가된 주가가 어느날 거품 터지듯 주저앉으면 이제 대중은 터무니없을 정도의 우울증에 빠져든다. 주기적으로 반복되는 시장의 광기와 거품, 그리고 테마주의 이상 급등과 폭락의 이면에는 늘 대중 심리가 있었다. 여기에 휩쓸려서는 안 된다.

❧

사실에 입각해 판단해야 한다.

Base your judgment on facts.

큰손들의 대형 거래

The market moves up slowly, but goes down fast.
시장은 상승할 때는 천천히 올라가고 하락할 때는 급하게 떨어진다.

투자 심리 때문에 그렇게 느껴지는 것이기도 하지만 실제로 그런 경우가 많다. 기관투자가 같은 시장의 소위 큰손 투자자들은 주식을 매수할 때는 가능한 한 남들이 눈치채지 못하게 조금씩 물량을 확보하면서 포지션을 늘려나간다. 그렇기 때문에 급하게 올라가지 않는 것이다. 반면 포지션을 청산할 때는 시장이 소화할 수 있는 한도 안에서 일시에 대규모 매도 물량을 쏟아내곤 한다. 그래서 대형 거래는 시장이 올라갈 때보다 오히려 내려가기 시작할 때 더 많이 이루어지는 것이다.

먼저 당신이 지금 어떤 시장에 있는지 잘 관찰하라.
Learn which side of the market you are on.

바보는 서둘러 뛰어든다

It is better to be wishing you were in, than in wishing you were out.

들어갔으면 하고 바라는 게 빠져 나왔으면 하고 바라는 것보다 낫다.

주식을 매수했다면 일단 투자를 시작한 것이다. 이제 당신은 가장 어려운 결정을 내려야 한다. 언제 투자를 끝낼 것인지 결정해야 하는 것이다. 결과가 당신에게 유리하든 불리하든 무조건 결정을 내려야 한다. 그렇게 해야 투자가 완결되기 때문이다. 투자자가 가장 자주 저지르는 실수는 너무 섣불리 시장에 뛰어드는 것이다. 그랬다가 손해가 나면 투자를 종결짓지 못한 채 손실을 키워나간다. 모든 여건이 유리할 때 투자를 시작하는 게 무엇보다 중요하다. 그래야 당신이 주도권을 쥘 수 있다.

현자가 꺼리는 곳에 바보는 서둘러 뛰어든다.
Fools rush in where angels fear to tread.

비관주의자

The danger of pessimism is that likely to be self-fulfilling.
비관주의가 위험한 것은 실제로 그렇게 될 수 있기 때문이다.

주식시장이 하락 국면으로 접어들면 으레 경제위기의 엄습과 약세장의 장기화를 우려하는 목소리가 높아진다. 다가올 패닉과 시장 붕괴를 경계하라는 비관주의자들도 등장한다. 이들의 주장에 귀 기울이다 보면 정말 당장이라도 시장이 무너질 것 같아 보인다. 그러나 이럴 때일수록 냉정한 시각이 필요하다. 경제위기가 한 번 찾아오는 동안 비관주의자들은 경제위기를 열 번 이상 외쳐대는 법이다. 영원한 강세장이 없듯이 언젠가는 경기침체가 찾아오는 게 순리다.

중요한 것은 과거에도 그랬듯 앞으로도 경기침체를 견뎌낼 것이라는 점이다.
We'll survive future recessions just as we've survived past problems.

귀가 얇으면

If you buy stocks on Tom's tip you must sell on Tom's tip.

톰에게서 비밀정보를 듣고 주식을 매수했다면 매도할 때도 톰한테서
정보를 얻어야 한다.

누군가로부터 들은 솔깃한 비밀정보를 믿고 주식을 매수했다
가 낭패를 본 사례는 주식시장에 넘쳐난다. 당신의 친구에게
서 정보를 들어 주식을 샀다면 팔 때도 이 친구로부터 정보를
얻어야 한다. 그런데 매도 시점에 친구가 휴가를 떠나버렸다
면 어쩔 것인가? 다른 사람이 하라는 대로 따라 했다가는 절
대 큰돈을 벌지 못한다. 귀가 얇은 투자자치고 성공하는 경우
는 없다. 현명한 투자자는 비밀정보를 바라지 않는다. 오로지
자기 판단에 따라 신중한 자세로 투자할 뿐이다.

비밀정보는 듣지도 말고 주지도 말라.
Don't listen to or give tips.

똑같은 실수를 반복하지 말라

Wise men learn by other men's mistakes, fools by their own.

현자는 다른 사람의 실수를 보고 배우지만, 바보는 자기가 실수한 다음에야 배운다.

누구도 100% 완벽할 수 없다. 정확한 판단을 내릴 때만큼이나 틀리기도 하고 실수도 저지른다. 게다가 틀렸을 때는 대가를 치러야 한다. 그것이 주식시장의 철칙이다. 관건은 실수를 저지르지 않는 게 아니라 그로 인한 피해를 최소화하는 것이다. 그러려면 투자자들이 자주 저지르는 실수는 어떤 것이며, 그것을 피하기 위해서는 어떻게 해야 하는지 미리 알아두어야 한다. 다른 사람들이 저지른 실수를 반면교사로 삼는 것이다. 그래야 똑같은 실수를 반복하지 않는다.

❧

같은 실수를 되풀이하는 사람은 동정의 여지도 없다.
The person who makes the same mistake twice deserves no sympathy.

기회가 눈 앞에 왔을 때

Stocks are never too high to begin buying or too low to begin selling.

주가가 너무 높아 매수할 수 없는 경우란 없고, 주가가 너무 낮아 매도할 수 없는 경우 역시 없다.

기회는 눈앞에 왔을 때 붙잡아야 한다. 그러기 위해서는 더할 나위 없이 훌륭한 기회가 올 때까지 꾹 참고 기다릴 줄 알아야 한다. 주식을 매수하면서 첫 거래에서 이익이 나지 않았는데 추가로 매수하는 건 금물이다. 또 주식을 팔 수 있을 때 팔지 못하면 매도 시점을 영영 놓쳐버릴 수 있다. 늘 시장을 지켜보고 판단해야 한다. 주가가 한 방향으로 움직이기 시작했다고 해서 한꺼번에 물량을 확보한다거나 주가가 너무 떨어졌다고 해서 처분을 미루는 것은 현명한 행동이 아니다. 이럴 때일수록 관찰하고 시험해보는 게 필요하다.

❧

기회는 매일 같이 찾아오지 않는다.
Opportunities do not come everyday.

눈먼 자본은 늘 똑같다

Every bubble market is different, and every bubble market is exactly alike.

거품은 저마다 달라 보이지만 실은 일란성 쌍둥이처럼 똑같다.

17세기 네덜란드의 튤립 광기에서 20세기 말 미국의 닷컴 열풍에 이르기까지 거품은 시대와 나라를 구분하지 않고 똑같은 모습으로 반복됐다. 서서히 기운이 일면서 투자자들이 몰려들고, 이렇게 형성된 군중의 움직임은 점점 커지다 결국 모든 것을 휩쓸어 버린다. 투기 붐은 항상 그것을 집어삼킬 사람들을 찾고, 이들의 돈을 전부 집어삼키면 공황에게 자리를 내주는 것이다. 광기와 패닉, 시장의 붕괴에 관해서는 너무나도 많은 글들이 쓰여졌지만 여전히 시장은 거품을 만들어낸다.

눈먼 자본은 때와 장소를 구분하지 않는다.
It doesn't matter what language the blind capital speaks.

후회

The big money in booms is always made first by the
public on paper, and it remains on paper.

강세장에서 큰돈은 늘 대중들이 먼저 벌지만, 그건 계속
평가이익으로만 남는다.

이래서 대중들이 주식시장에서 큰돈을 벌지 못하는 것이다.
앞날에 대한 전망이 헛된 희망으로 물들어버리면 천정이 눈
에 들어오지 않는다. 가격만 생각할 뿐 가치는 생각하지 않
고, 주가 상승에도 반드시 한계가 있다는 사실을 망각한다.
시장의 열기가 뜨거워질수록 평가이익을 즐기다 결국 너무 오
래 머물러 있는 바람에 손실을 보고 마는 것이다. 심지어 시
장이 방향을 틀었는데도 여전히 낙관론에 빠져 다시 반등하
기만을 기다리며 손실을 더 키우기도 한다. 뒤늦게 이를 깨닫
지만 너무 늦다.

사람들은 늘 지나놓고 나서야 현명해진다.
Everyone is wise after the event.

경쟁사의 칭찬

Nothing could be more bullish than begrudging admiration from a rival.

경쟁자의 시샘 어린 찬사만큼 확실한 매수 요인도 없다.

마젤란펀드를 세계 최대의 뮤추얼펀드로 일궈낸 피터 린치는 자신이 새로운 유망주를 발굴할 때 사용하는 첫째 기술로 경쟁사에게 물어보는 것을 꼽았다. 어느 기업이든 자기 경쟁자에 대해서는 자세히 파악해두고 있다. 그 회사의 강점과 약점은 어디에 있는지, 지금 현재 어떤 상황에 놓여있는지, 앞으로 성장 가능성은 어느 정도인지 늘 주시하고 있는 것이다. 게다가 자기 회사 문제는 쉽게 이야기하지 않지만 경쟁사의 문제점은 다 터놓고 얘기한다. 이렇게 경쟁사를 부러워하고 칭찬한다면 그건 정말로 대단한 기업이라는 말이다.

경쟁자에 관해 물어보라.
Ask about the competitor.

소유권을 사는 것이다

A share of stock is not a lottery ticket. It's part ownership of a business.

주식은 복권이 아니다. 기업 소유권의 일부다.

주식을 매수할 때는 그래서 잘 따져봐야 한다. 내일 당장 혹은 일주일 뒤 얼마나 오를 것인가를 점칠 것이 아니라 해당 기업의 수익성과 건전성을 꼼꼼히 살펴봐야 하는 것이다. 당신이 만일 동네 커피전문점이나 약국을 인수한다면 얼마나 많은 사항을 점검하고 챙겨보겠는가? 주식을 살 때 역시 그런 자세로 그 회사의 사업보고서를 자세히 들여다봐야 한다. 매출액과 순이익은 늘어나고 있는지, 부채비율은 너무 높지 않은지, 장부상의 자산가액과 실제 자산가치가 크게 다르지 않은지 알아보고 나서 주식을 매수해도 늦지 않다.

❧

잘만 사면 절반은 판 것이나 다름없다.
A thing well bought is half sold.

의심하라

Don't fall in love with a particular security.

특정 종목의 주식과 사랑에 빠지지 말라.

어떤 사람을 열렬히 사랑할 수도 있고, 이념이나 사상에 흠뻑 젖어들 수도 있다. 그러나 절대로 사랑해서는 안 될 것이 있으니 주식이다. 주식은 기업 소유권의 일부를 표시하는 종이쪼가리에 불과하다. 당신이 아무리 열정적으로 사랑해봐야 주식은 알아주지도 않고 보답해주지도 않는다. 오히려 손절매 기회만 놓치게 할 뿐이다. 그래도 굳이 주식을 사랑해야겠다면 이렇게 다짐하라. 과대평가되기 전까지만 사랑한 다음 미련 없이 다른 투자자에게 넘기겠다고 말이다. 주식을 대하는 마음가짐은 늘 의심하는 것이라야 한다.

주식이란 결국 돈을 벌기 위한 수단일 뿐이다.
The security's use is purely mercenary.

상대주의

There are no intrinsically good or bad stocks.
처음부터 좋은 주식이나 나쁜 주식이란 없다.

주식 투자자에게 가장 필요한 자세는 상대주의적인 접근방식이다. 무조건 한 가지 입장만 고집하는 건 금물이다. 좋은 주식과 나쁜 주식을 구별하는 것도 마찬가지다. 항상 좋거나 항상 나쁜 주식은 없다. 주가가 너무 높을 때는 최고의 기업이라 해도 그 주식은 매우 투기적일 수 있다. 반대로 주가가 너무 낮을 때는 그저 그런 별볼일 없는 기업이라 해도 그 주식은 건전한 투자 대상이 될 수 있다. 브랜드의 유명도나 대중들의 평판에 너무 얽매일 필요는 없다. 어떤 기업이든 훌륭한 투자 기회가 될 수 있다.

※

변화를 예상하고 변화를 적극적으로 추구하라.
Expect change and be capable of change.

경제보고서

Don't be overly attentive to the statement of economists.

경제학자들의 보고서를 너무 민감하게 받아들이지 말라.

세계적인 투자은행이나 주요 경제기관에서 실업률과 성장률, 원자재 가격 동향 등을 전망한 분석 보고서를 발표하면 주식 시장이 일시적으로 충격을 받기도 한다. 그러나 전설적인 펀드매니저 피터 린치는 거시 경제 분석을 위해 1년에 불과 15분을 쓴다고 말한다. 시간이 없어서가 아니다. 그는 이렇게 단언한다. 경제 전체에 대한 거창한 그림을 가지고 주식 투자를 시작하면 손해를 보기 십상이라고. 정말로 중요한 것은 개별 기업이라는 말인데, 사실 문제가 있는 기업은 호경기에도 망하고 내실이 탄탄한 우량 기업은 불경기에 오히려 더 잘 나간다.

교수들이 하는 말에 얽매이지 말라.

Never mind what the professors say.

올라갈 때 조심하라

Most traders are optimists by nature and therefore buyers rather than sellers.

대부분의 트레이더는 기본적으로 낙관주의자고, 따라서 매도자보다는 매수자가 된다.

이 덕분에 주식시장이 돌아가는 것이고 장기적으로 보면 상승하는 것이기도 하지만 그렇기 때문에 더 조심해야 한다. 강세에 베팅하는 투자자들이 많을수록 시장이 좋을 때 빠져 나와야 하기 때문이다. 이건 마치 꼭대기 층까지 올라갔다가 급전직하하는 엘리베이터를 타는 것과 같다. 올라갈 때는 한 층 한 층 문이 열리지만 내려올 때는 고장이라도 난 것처럼 바닥까지 순식간에 떨어지는 것이다. 그러니 조심해야 한다. 나만 그런 게 아니라 남들도 다 꼭대기까지 올라가보고 싶어하니 말이다.

모든 투자자의 90% 이상은 강세론자다.
More than 90% of all investors are bulls.

No real movement of importance ends in one day or in one week.

시장의 큰 흐름은 하루나 한 주 만에 끝나지 않는다.

어렵고 힘들수록 참고 견뎌내야 한다. 견인불발(堅忍不拔)은 투자의 세계에서도 예외가 아니다. 바닷가에서 조류의 흐름을 잘 관찰해보라. 밀려 들어왔다가 나가고, 나갔다가 다시 들어오는 사이에는 반드시 파도가 잔잔한 휴지기가 있다. 주식시장도 좁게 보면 시시각각 등락을 되풀이하는 것 같지만 넓게 보면 큰 흐름에 따라 움직인다. 불가피하게 자주 나타나는 작은 조정이나 반등에 흔들리지 말아야 한다. 무슨 일이든 필연적으로 거쳐야 하는 과정이 있고 그러려면 시간이 필요하다.

❧

로마는 하루아침에 이루어지지 않았다.
Rome was not built in a day.

겁나서 죽을 것 같다면

Buy when you are scared to death. Sell when you are tickled to death.

겁나서 죽을 것 같으면 사라. 좋아서 죽을 것 같다면 팔라.

누구나 느낄 수 있을 정도의 강세 분위기는 분명한 경고 신호다. 주식시장에 대해 아무것도 모르는 대중들까지 기뻐 날뛸 정도가 됐다면 이제 상승세는 막바지 정점에 다다른 것이다. 대중들의 매수 에너지가 소진되면 곧 하락 반전할 것이기 때문이다. 마찬가지로 두려움이 시장을 지배할 때는 매수 기회를 노려야 한다. "주식은 이제 끝났다"는 말이 나올 정도가 되면 약세장도 바닥을 친 것이다.

❧

시장이 가장 좋아 보일 때가 제일 위험하다. 시장이 가장 나빠 보일 때가 제일 좋은 기회다.

The market is most dangerous when it looks best. It is most inviting when it looks worst. .

최고의 주식 최적의 타이밍

The best security bought at the wrong price and time can be a disastrous purchase.

아무리 훌륭한 주식도 매수 타이밍과 가격이 잘못되면 최악의 주식이 될 수 있다.

세상에서 가장 좋은 씨앗이라 할지라도 제대로 싹을 틔우려면 봄에 뿌려야 한다. 겨울에 파종해서는 싹을 틔울 수 없다. 모든 일에는 해야 할 시기가 있고 해서는 안 될 때가 있는 법이다. 주변 여건을 감안하지 않고 함부로 뛰어들었다가는 좋은 성과를 거둘 수 없다. 주식시장에서는 자칫 큰 화를 부를 수 있다. 특히 시장이 거품에 휩싸여 있을 때 분위기에 편승해 매수하는 것은 금물이다. 시장이 방향을 틀면 거의 모든 종목이 하락하고, 이전 고점을 회복하는 데는 오랜 세월이 걸릴 수 있다.

좋은 주식이 반드시 좋은 매수 대상은 아니다.
A good stock is not always a good buy.

표범은 무늬를 바꾸지 않는다

The leopard never changes its spots.
표범은 그 무늬를 바꾸지 않는다.

이런저런 테마주 타이틀과 함께 갑자기 치솟는 종목을 보면 상당수가 소위 작전주들이다. 이런 종목을 건드렸다가는 낭패를 보기 십상이다. 주식 투자자가 피해야 할 가장 무서운 함정은 시장에서 띄우는 종목을 사는 것이다. 작전세력은 불특정 다수의 "호구들"을 낚기 위해 늘 이런 함정을 준비해둔다. 여기에 낚이지 않으려면 유동성이 높고 자본금 규모도 큰 우량주만 거래해야 한다. 시장의 테마에 귀 기울이는 대신 기업 내용을 꼼꼼히 살피는 게 중요하다. 어떤 테마도 부실주를 우량주로 바꿔놓지 못한다.

❧

돼지 귀로 비단주머니를 만들 수는 없다.
You cannot make a silk purse out of a sow's ear.

다 이유가 있다

A major bear swing has always been amply justified by future events.

시장을 휩쓰는 급락장세는 늘 미래에 일어날 사건에 의해 정당화된다.

주식시장이 갑자기 패닉에 빠지면 이런저런 설(說)들이 난무한다. 도저히 납득할 수 없는 상황을 설명하려다 보니 말도 안 되는 억지와 그럴듯한 추측이 꼬리를 무는 것이다. 지나고 보면 이들 가운데 상당수가 거짓으로 판명 난다. 하지만 주식시장의 모든 움직임에는 다 그럴만한 이유가 있다. 갑작스러운 급락장세에도 틀림없이 원인이 있었을 것이다. 다만 그것이 밝혀지는 시점과 패닉이 발생한 시점 간에 차이가 있을 뿐이다.

시장은 앞으로 몇 달 후의 상황을 말해준다.
The market is saying what will be months ahead.

예측할 수 없다면

If a stock doesn't act right, don't touch it.

주가의 움직임이 자신의 판단과 어긋날 때는 아예 건드리지 말라.

주가의 흐름을 잘 관찰해보면 마치 살아 움직이는 생명체 같다. 때로는 과거의 궤적과 크게 어긋나지 않는 방향으로 움직이기도 하지만 전혀 예상하지 못했던 움직임을 보여주기도 한다. 주가의 흐름이 워낙 들쑥날쑥 해서 어디로 튈지 도저히 감을 잡을 수 없다면 그런 주식은 아예 투자 대상에서 빼버리는 게 낫다. 무엇이 잘못됐는지 정확히 알 수 없다는 것은 그 주식이 앞으로 어느 방향으로 갈지 알지 못한다는 말이기 때문이다.

❧

진단이 없다면 예측은 불가능하다. 예측이 없다면 이익도 얻을 수 없다.

No diagnosis, no prognosis. No prognosis, no profit.

확실한 주식은 없다

No stock is a sure thing.

이 세상에 확실한 주식이란 없다.

투자자라면 누구나 변화를 예상하고 변화에 적절히 대응할 수 있어야 한다. 자기가 투자한 주식은 누구보다 자신이 잘 알고 있어야 한다. 내가 투자한 포트폴리오에 나만큼 관심을 기울이는 사람은 없다. 늘 세심하게 관찰하면서 언제든 적절한 조치를 취해야 한다. 주식 투자도 하나의 사업이다. 수익률은 스스로 만들어가는 것이다. 자기 돈을 투자해놓고 그냥 방치해둔다면 그건 회사를 창업하고서 사업에 전혀 신경 쓰지 않는 것이나 마찬가지다.

❦

사놓고 잊어버려도 되는 그런 주식은 없다.
There are no stocks that you can just buy and forget about.

실수에서 배운다

Learn from your mistakes.

자신의 실수로부터 배우라.

실수하지 않는 투자자는 없다. 성공하는 투자자도 무수히 실수를 저지른다. 하지만 자신의 실수를 인정하고 거기서 배운다. 반면 실패하는 투자자는 실수를 인정하지 않고 손실을 만회하기 위해 더 큰 위험을 무릅쓴다. 실수를 되풀이할 뿐만 아니라 더 키우는 것이다. 한번의 실수를 좋은 경험으로 생각하고, 이로부터 무언가를 배우는 자세가 필요하다. 아무런 실수도 저지르지 않는 방법은 아예 투자를 하지 않는 것이다. 그러나 이것이야말로 가장 큰 실수다. 아무것도 하지 않는다면 아무것도 얻을 수 없다.

실수를 하기에 인간이다.

To err is human.

무르익을 때까지

Wait until the stock price tells you that the time is ripe.

때가 무르익었다고 주가가 알려줄 때까지 기다리라.

주식 투자도 엄연히 투기다. 투기란 가격이 오를 때 혹은 가격이 내릴 때 이익을 얻을 것으로 기대하고 무엇을 사거나 파는 것이다. 따라서 불가피하게 리스크를 수반한다. 이 리스크를 줄이려면 적당한 시점을 기다려야 한다. 리스크가 가장 적은 타이밍을 잡아야 하는 것이다. 무조건 싸게 보인다고 해서 매수한다면 십중팔구 실패할 것이다. 주식 투자의 목적은 수익을 거두는 것이다. 수익은 은행이자처럼 항상 일정하지 않다. 인내심을 갖고 기다리면 때가 무르익었다고 주가가 알려준다. 그때가 리스크가 가장 적은 시점이다.

인내는 꼭 필요한 덕목이다.
Patience is a virtue.

초조하다면 줄이라

Reduce your line down to the sleeping point.

편히 잠들 수 있을 정도로 투자 규모를 제한하라.

필립 피셔가 자신의 책 제목에도 썼듯이 보수적인 투자자는 잠자리가 편하다. 투자 금액을 자신이 감당할 수 있는 수준으로 제한해야 한다는 말이다. 그래야 예기치 못한 불운이 닥치더라도 충분히 그 손실을 감내할 수 있다. 이것이 주식 투자자가 제일 먼저 배워야 할 점이다. 한 젊은 투자자가 산전수전 다 겪은 베테랑 트레이더에게 이렇게 털어놓았다. 투자한 주식을 생각하면 초조해지고, 밤에 잠을 이룰 수도 없다고 말이다. 이 말을 들은 트레이더가 대답해주었다. "편히 잠들 수 있을 만큼 투자 금액을 줄이게나."

❧

사람을 죽이는 건 일이 아니라 근심걱정이다.
It is not work that kills, but worry.

삼진 아웃은 없다

All stocks won't be cheap.
모든 주식이 싼 경우란 없다

천금 같은 기회는 자주 찾아오지도 않고 눈앞에 확연히 드러나지도 않는다. 그렇다고 해서 초조해하거나 서두를 필요는 없다. 항상 준비하고 있다가 진짜 기회가 왔을 때 잡으면 된다. 주식 투자자는 가만히 서 있는다고 해서 스트라이크 아웃을 당하지 않는다. 자기한테 마음에 드는 공이 들어오기 전까지는 배트를 휘두르지 않아도 된다. 그런다고 해서 심판이 스트라이크 아웃을 선언하거나 관중석에서 야유가 날아오지도 않는다.

신중할수록 더 좋다.
Second thoughts are best.

자기 자신에 대한 믿음

The first requisite to success is confidence in one's self.
성공의 첫째 덕목은 자기 자신에 대한 믿음이다.

무슨 사업을 하든 마찬가지고 주식 투자도 예외가 아니다. 사업을 할 때처럼 주식시장에서도 똑같은 원칙을 갖고 행동해야한다. 많은 사람들은 주식을 산 뒤 주가가 조금만 올라가면 혹시 떨어질까봐, 그래서 자기가 번 돈이 사라질까봐 두려워한다. 하지만 이때는 전혀 두려워할 시점이 아니다. 주가가 올랐다면 자신의 판단이 옳다는 것이므로 계속 보유해야 한다. 작은 차익 때문에 매도해서는 안 된다. 사업을 시작하자마자 돈을 좀 벌었다고 문을 닫는 사업가가 어디 있겠는가?

스스로 내린 판단을 밀고 나가라.
Go on your own judgment.

0512

부정확한 과학

There is no formula of certain profits.

확실하게 수익을 올려주는 공식은 없다.

주식시장에서 수익을 거두기 위해서는 무엇보다 먼저 투자가 얼마나 어려운 것인지 깨달아야 한다. 아무리 정확한 근거와 신중한 계획에 따라 투자했더라도 주가는 얼마든지 예측과 어긋날 수 있다. 주가를 결정하는 데는 인간 심리가 중요한 요소로 작용하는 데다 시간이라는 변수 역시 영향을 미치기 때문이다. 그럴수록 더 많은 노력을 기울여야 한다. 가능한 한 모든 시각에서 자신이 내린 결론을 검증해본 뒤 투자하는 자세가 필요하다. 주식 투자는 물리학이 아니다.

투자란 사실 매우 부정확한 과학이다.

Investment actually is the most inexact sort of science.

손실 한도

Decide the amount of money you are willing to risk should you are wrong.

판단이 틀렸을 경우 기꺼이 받아들일 수 있는 손실액을 정해두라.

자신이 감수할 수 있는 리스크, 즉 손실 한도를 미리 정해두는 게 필요하다. 손실이 나더라도 한도 안에서 끊어내면 얼마든지 회복할 수 있고, 나중에 큰 기회를 잡을 수도 있다. 프로 도박사는 절대 무모한 배팅을 하지 않는다. 자신의 판단이 틀릴 수 있기 때문이다. 주식시장에서도 마찬가지다. 시장은 얼마든지 예측과 달리 움직일 수 있지만, 현명한 투자자라면 예상이 빗나가도 손실이 미리 정해둔 한도를 넘어서지 않을 것이다.

❧

도깨비를 만나도 낯선 놈보다는 아는 놈이 나은 법이다.
Better the devil you know than the devil you don't know.

수학 천재도 당한다

Investing is not a game where the guy with the 160 IQ beats the guy with the 130 IQ.

투자란 IQ 160인 사람이 IQ 130인 사람을 이기는 게임이 아니다.

내로라하는 월스트리트의 초일류 펀드매니저와 노벨 경제학상 수상자까지 포진했던 롱텀캐피탈매니지먼트(LTCM) 같은 회사가 하루아침에 파산하는 곳이 투자의 세계다. 그런가 하면 대학 졸업장도 없는 투자자가 꾸준히 높은 수익률을 기록하는 곳이 월스트리트다. 주식시장에서 성공하기 위해 수재급의 IQ나 박사학위가 필요한 것은 아니다. 금융공학이 아무리 발달하고 수학 천재들의 월스트리트 진출이 아무리 늘어도 이것은 변치 않을 것이다.

❧

주식시장은 사람을 가장 겸손하게 만드는 곳이다.
The stock market is that creation of man which humbles him the most.

약간의 상식

A little horse sense is far more useful than a lot of theory.
약간의 상식이 복잡한 이론보다 훨씬 더 유용하다.

주식시장만큼 이 말이 잘 들어맞는 곳도 드물 것이다. 세상 이치는 난해하거나 복잡하지 않다. 누구든 쉽게 이해할 수 있는 것들이다. 시세와 다투지 말라는 것은 다들 알고 있는 상식이다. 그런데도 복잡한 이론을 동원해 현재의 주가 흐름과 어긋나는 예측을 내놓는다. 과거의 수많은 자료를 분석해 시장의 천정과 바닥을 잡아내려고 시도하기도 한다. 하지만 추세의 변화는 그것이 분명하게 드러날 때까지는 아무도 확신할 수 없고, 시장의 천정과 바닥 역시 지나고 나서야 확인되는 것이다. 지식이 많다고 투자에 성공하는 것은 아니다.

현명한 자에게는 한마디면 충분하다.
A word is enough to the wise.

제 눈에 안경

Buy the stock that's suited to you.
자신에게 맞는 주식을 사라.

젊은 연인들은 서로를 애태우면서도 늘 이렇게 말한다. 결혼만 하면 애인을 길들이겠다고. 그러나 주식 투자자는 그럴 수가 없다. 어떤 종목을 샀다고 해서 자기마음대로 움직이게 할 수는 없는 노릇이다. 사람마다 성격이 다르듯 주식시장에 상장된 수천 개의 종목들도 저마다 특징이 있고 개성을 지니고 있다. 안정적이지만 지루한 주식이 있는가 하면 롤러코스터처럼 급등락을 반복하는 주식도 있다. 이런 성격을 감안하지 않고 매수했다가는 내내 교체매매를 하지 못해 속을 태우기 십상이다. 그러니 처음부터 자신에게 적합한 종목을 골라야 하는 것이다. 주식 역시 자기에게 맞아야 한다.

❧

제 눈에 안경인 법이다.
Everyone to his taste.

잠재력

**The fact that a stock has already moved up sharply
doesn't mean that it can't move more.**

주가가 이미 많이 올랐다고 해서 그 주식이 추가로 더 오를 수 없는
것은 아니다.

나무가 아무리 높이 자라도 하늘에 닿을 수는 없다. 이건 주
식 투자자들에게도 상식인데, 지금 시장에서 아무리 각광받
는 성장주라 하더라도 결국은 상승세가 끝나고 성장주 대열에
서도 물러나는 시기가 오게 돼 있다. 하지만 그렇다고 해서 무
조건 이런 주식을 외면해서는 안 된다. 주가가 웬만큼 올랐다
하더라도 앞으로의 추가 상승 잠재력이 엄청나다면 신중히 투
자를 고려해봐야 한다. 사업 내용만 훌륭하다면 얼마든지 더
많은 홈런을 칠 수 있을 것이기 때문이다. 초기 상승세를 놓쳤
더라도 포기하지 말라.

❧

늦더라도 행동하는 게 아예 안 하는 것보다 낫다.
Better late than never.

0518
서두르지 말라

Do not make hasty, emotional decisions about buying and selling stocks.

주식을 매매하면서 서두르거나 감정적인 결정을 내리는 건 금물이다.

그때그때 달라지는 기분에 치우쳐 행동하다간 수익을 올리기는커녕 손실을 보기 십상이다. 서둘러 매매하고 싶을 때일수록 냉정하게 상황을 돌아볼 필요가 있다. 감정에 휘둘리지 않아야 매수 결정이든 매도 결정이든 객관적으로 내릴 수 있다. 다른 사람의 의견에 너무 신경 쓸 필요도 없다. 당장 매수하라고 누가 부추기는 주식일수록 조심해야 한다. 서둘러 매수했다가는 틀림없이 나중에 후회할 것이다. 왜 지금 이 주식을 매매해야 하는지 한번 더 물어보고 결정해도 늦지 않다. 투자는 단거리 경주가 아니다.

천천히 하지만 꾸준히 달려야 성공할 수 있다.
Slow but steady wins the race.

예방과 치료

The message of the market is the same. It's perfectly plain to anyone who takes the trouble to think.

시장이 전해주는 메시지는 똑같다. 시간을 들여 생각하고자 하면 아주 분명하게 드러난다.

시장을 분석하고 주가를 읽어내는 것은 사실 그렇게 복잡하지 않다. 시장의 현재 여건에 대해 심사숙고 하며 스스로 질문을 던지다 보면 해답이 저절로 눈앞에 나타난다. 그런데도 사람들은 시간을 들여 생각하기 보다는 그저 답만 구하려 든다. 자기 월급보다도 많은 금액의 주식을 매수하면서 텔레비전을 살 때보다 고민하지 않는다. 시장이 전해주는 메시지는 누구에게나 똑같다. 다만 그것을 읽어내려는 의지가 있느냐가 다를 뿐이다. 자동차를 구입하면서 얼마나 많은 사항을 따져보고 비교하는가? 주식은 더 열심히 살펴봐야 한다.

꧀

예방이 치료보다 상책이다.
Prevention is better than cure.

키워가면 된다

If you are a ten-share man, don't be ashamed of it.

투자 규모가 작다고 부끄러워하지 말라.

고작 10주정도씩 거래한다고 해서 괜히 기죽거나 위축될 필요는 없다. 수십억 달러를 주무르는 세계적인 투자자들도 처음에는 다 작게 시작했다. 조금씩 투자해서 키워가면 된다. 작게 투자하면 절대 망할 염려가 없다. 오히려 위험한 것은 너무 크게 투자하는 것이다. "그래도 이 정도는 해야지"하면서 투자 규모를 늘렸다가 혹은 남들한테 과시하고 자랑하기 위해 무리하게 신용까지 썼다가 자칫 큰 상처를 입을 수 있다. 시장이 격랑에 휩싸이면 아무리 큰 배라도 가라앉을 수 있다.

❧

단지 과시하기 위해 감당할 수 없을 정도의 주식을 매수해서는 안 된다.

Don't buy more stock than you can afford, just to look big.

내일도 날이다

It's never too late not to invest in an unproven enterprise.
검증되지 않은 주식은 아무리 기다려도 늦지 않다.

잘 모르는 기업일수록 서둘러 투자해서는 안 된다. 어떤 기업인지 정확히 알지도 못하면서 주위 사람들한테서 그저 좋다는 얘기만 듣고 투자하면 십중팔구 낭패를 본다. 특히 전혀 검증되지 않은 첨단 정보기술이나 생명공학 분야의 벤처기업에서 투자자를 모집할 때면 "이런 기회를 놓쳐서는 안 된다"든가 "시간이 촉박하다"며 신속한 투자 결정을 재촉한다. 그럴수록 신중을 기해야 한다. 종종 걸음을 쳐서 부자가 된 사람은 없다. 주식시장이 존재하는 한 얼마든지 더 훌륭한 벤처기업이 나타날 것이다. 기다렸다가 그때 투자하면 된다.

※

내일도 날이다.
Tomorrow is another day.

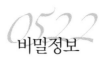

비밀정보

Don't shape your portfolio on what your barber advice.
이발사의 말을 듣고 포트폴리오를 짜서는 안 된다.

주식시장에 흘러 다니는 출처 불명의 정보는 '비밀정보' 혹은 '내부정보' 식으로 수식하고 장식할수록 더 위험하다. 상대방이 어떻게 그런 정보를 입수했을지 한번 생각해보라. 그리고 비밀정보 대신 당신의 똑똑한 머리를 활용하라. 확실하지도 않은 출처 불명의 정보가 당신의 지식보다 더 나을 이유가 어디 있는가? 열심히 공부하고 분석해서 투자할 주식을 잘 선정했으면서도 이발소나 술자리 같은 데서 우연히 들은 미확인 정보에 귀가 솔깃해져 엉뚱한 종목을 사는 투자자가 있다. 이런 사람이야말로 세상에서 가장 어리석은 투자자다.

비밀정보 따위는 잊어라.
Forget about stock market tips.

작은 것을 아껴야

Little and often fills the purse.

티끌 모아 태산이다.

주식 투자는 훌륭한 저축 수단이다. 예금이나 적금을 할 때 은행별로 수신금리를 꼼꼼히 살펴보듯 증권 계좌를 개설할 때는 반드시 증권회사별로 거래 수수료와 부가 서비스를 비교해봐야 한다. 요즘은 인터넷을 이용한 홈트레이딩시스템(HTS)이 보편화돼 수수료율이 상당히 떨어졌지만 그래도 잘 따져보면 수수료도 싸고 더 많은 혜택을 주는 증권사를 찾아낼 수 있다. 0.01%라도 우습게 봐서는 안 된다. 한두 번 거래할 때는 아무것도 아닌 것 같지만 오랫동안 누적되면 그 차이가 꽤 된다.

꽃돈을 아끼면 저절로 목돈이 된다.
Take care of the pence and the pounds will take care of themselves.

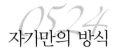

자기만의 방식

There is no single true path for succeeding in the markets.

주식시장에서는 성공하는 길이 딱 하나만 있는 게 아니다.

그래서 많은 사람들이 도전하고 또 한번 해볼 만한 것이기도 하지만, 진짜 중요한 것은 자기만의 방법을 찾아야 한다는 점이다. 기본적인 분석을 토대로 투자할 수도 있고, 기술적 분석에 의지할 수도 있고, 두 가지를 다 활용할 수도 있다. 단기적으로 수익률을 확정하는 게 성격적으로 더 맞는 투자자가 있는가 하면 장기적으로 꿋꿋이 밀고 나가는 걸 더 좋아할 수도 있다. 누구에게나 자기 스타일이 있다. 억지로 강요해서도 안 되지만 굳이 다른 사람의 방식을 따라 할 필요도 없다.

당신 마음에 드는 투자 방식을 스스로 선택하라.

Choose an approach that is comfortable for you.

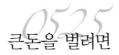

큰돈을 벌려면

Profits take care of themselves, losses never do.
수익은 그냥 놔두어도 되지만 손실은 그냥 놔두어서는 안 된다.

당신이 투자한 주식에서 손실이 발생했다면, 그것도 일정 한도를 넘어섰다면 어떤 식으로든 조치를 취해야 한다. 주가가 다시 회복하기를 기다리며 마냥 손을 놓고 있어서는 안 된다. 하지만 주식시장이 상승세를 타고 있고, 투자한 종목도 괜찮은 움직임을 보여주고 있다면 용기를 갖고 계속 보유하는 게 좋다. 그래야 정말로 높은 투자 수익률을 올릴 수 있다. 큰돈을 벌 때는 절대 초조해 해서는 안 된다. 한 종목에 집중 투자했다 하더라도 마음 푹 놓고 잠을 잘 수 있어야 한다.

❧

부정적인 뉴스가 하나도 없다면 주가가 계속 올라가도록 그냥 놔두라.
If there is nothing basically negative, then let it ride.

모든 게 유리해질 때까지

Patience, patience, patience, that is the key to timing success.

인내하고, 인내하고, 또 인내하라. 이것이 성공적인 타이밍을 잡는 열쇠다.

주식시장에는 늘 기회가 있다. 좋은 기회를 놓쳤다면 인내심을 갖고 기다리라. 그러면 또 다시 기회가 찾아올 것이다. 하루도 빼놓지 않고 주식시장을 지키고 있어야 한다고 생각할 필요는 없다. 모든 조건이 유리해질 때까지 참고 기다리는 게 좋다. 투자를 하다 보면 현금을 보유한 채 시장에서 물러나 있어야 할 때가 온다. 아무리 노련한 트레이더라도 인내심을 잃고 시장의 결정적인 전환점을 기다리지 못하면 손실을 보게 된다.

❧

시장의 큰 흐름을 잡으려면 반드시 참고 기다려야 한다.
Patience is so necessary for success in catching the big moves.

투자일지

Keep a record of your market experience.
시장에서 경험한 내용을 적어두라.

성공하는 투자자와 그렇지 않은 투자자의 가장 큰 차이점이 바로 여기에 있다. 성공하는 투자자는 매일매일 기록한다. 자신이 거래한 내용뿐만 아니라 시장에서 보고 느낀 것들을 자세히 적어두는 것이다. 두뇌가 아무리 뛰어나다 해도 인간의 기억력에는 한계가 있다. 오늘 거래에서 잘한 것, 실수한 것, 놓친 것, 뭔가 이해되지 않는 것, 이런 것들을 하나씩 투자일지 형식으로 기록해두면 그 자체로 아주 훌륭한 자산이 된다. 이를 토대로 자신만의 투자 전략을 수립할 수도 있고 틈날 때마다 들여다 보며 반면교사로 활용할 수도 있다.

✑

짚 없이는 벽돌을 만들지 못하는 법이다.
You cannot make bricks without straw.

변화

Anything that can't go on forever will end.

영원히 지속될 수 없는 것은 끝나게 돼 있다.

변화는 불가피하다. 어느 나라 경제든 산업이든 기업이든 다 마찬가지다. 억지로 흐름을 거스르고 역행하다가는 혼자만 불이익을 당할 수 있다. 워런 버핏은 이렇게 말한다. "트랙터 가 나왔는데 말을 고집하는 것이나, 자동차가 나왔는데 굳이 마차를 고수하는 것은 재미없는 일이다." 예전 방식이 익숙하 더라도 새로운 것으로 눈을 돌려보는 게 현명할 수 있다. 지 금 최고의 주식으로 각광받고 있는 종목도 언제 인기가 식을 지 모른다. 어떤 기업도 영원히 고성장을 지속할 수 없기 때 문이다.

❧

이 세상에서 유일하게 꾸준히 지속되는 것은 변화뿐이다.
The only thing constant in this world is change.

실수를 활용하라

No man is infallible.

실수를 저지르지 않는 사람은 없다.

실수는 귀중한 자산이다. 실수에서 무언가를 배웠다면 그건 결코 손실이 아니다. 자신이 저지른 실수를 이해하는 것은 자신이 거둔 성공을 분석해보는 것만큼이나 도움이 된다. 누구나 실수를 저지르지만 실수를 제대로 활용하는 사람은 드물다. 주식시장에서 실수를 저지르면 그 대가를 지불해야 한다. 투자자가 실수만 저지르지 않는다면 한 달 안에라도 거부가 될 수 있다. 하지만 실수를 저질렀다 해도 너무 실망할 필요는 없다.

※

실수를 활용해 수익을 거둔다면 그것 역시 큰 축복이 될 것이다.
If he didn't profit by his mistakes he wouldn't own a blessed thing

주식시장을 이길 수는 없다

A man may beat a stock at a certain time, but no man living can beat the stock market.

특정 시점에 어느 종목을 거래해 돈을 벌 수는 있지만, 누구도
주식시장을 이길 수는 없다.

주식시장에서 산전수전 다 겪어본 노련한 투자자라면 이 말에 동의할 것이다. 경마장에 가서 한 번 돈을 딸 수는 있지만 계속해서 돈을 딸 수는 없는 것과 같은 이치다. 상품시장에서도 그렇다. 곡물이든 원유든 선물거래로 돈을 벌 수는 있지만 그렇다고 상품시장의 영원한 승자가 될 수는 없다. 그런데도 많은 사람들이 시장을 이기려고 발버둥치고, 심지어 자기가 시장을 이기는 비법을 갖고 있다고 선전한다. 게다가 이런 말을 믿는 순진한 투자자들이 여전히 넘쳐난다.

투자할 때마다 이익을 보는 투자자는 없다. 사기꾼이 아니라면 말이다.
Always-right investors don't exist, except among liars.

가장 먼저 이해해야 할 것은

The most important thing to master in Wall Street is the tape.

월스트리트에서 꼭 마스터해야 할 가장 중요한 것은 주가다.

요즘은 컴퓨터 모니터를 통해 실시간으로 주가를 알 수 있지만 과거 월스트리트에서는 티커 테이프를 통해 주가가 전해졌다. 그래서 시시각각 이뤄지는 각 종목의 거래 상황이나 시장 전반의 분위기를 파악하려면 티커 테이프를 재빨리 읽고 정확히 이해해야 했다. 주가와 거래량의 추이를 모르고서는 정확한 시장 움직임을 포착할 수 없고, 여기서 특이한 흐름을 제대로 잡아낼 수 없다면 차라리 주식 투자를 그만두는 게 낫다. 주가를 읽어내는 방법을 배우는 데는 직접 해보는 것만큼 좋은 것도 없다.

❧

적은 금액으로 한 번에 한 종목씩 직접 해보라.
Try it, one stock at a time, with small positions.

Ultimately the earnings will decide the fate of a stock.

궁극적으로 실적이 그 기업의 주가를 결정한다.

주가는 시시각각 변하고 단기적으로 보면 기업 실적과 관계 없는 큰 사건이나 정치적 이슈에 따라 출렁이기도 한다. 그 래서 많은 사람들이 눈에 보이는 이런 시장의 등락에 베팅하 는 것이지만 장기적으로 주식의 운명을 좌우하는 것은 기업 의 순이익이다. 주변 여건이나 시장 상황이 제아무리 우호적 이라 해도 실적이 뒷받침해주지 않으면 주가 상승은 곧 한계 에 부딪친다. 주식의 가치는 결국 순이익에 의해 결정되기 때 문이다. 사실 하루하루의 주가 변동이란 이 내재가치로 수렴 해가는 과정이다.

주식 분석은 그 기업의 순이익을 출발점으로 해야 한다.
Analyze a company's stock on the basis of earning.

어제의 주가

Price has no memory and yesterday has nothing to do
with tomorrow.

주가는 기억을 하지 못한다. 어제는 내일과 아무 관계도 없다.

유진 파마 교수가 주창한 효율적 시장이론과 주가의 무작위
성을 강조하는 랜덤워크 이론을 압축해서 알려주는 말이다.
그렇다. 주식시장에서는 하루하루가 늘 다시 원점에서 시작된
다. 어제의 주가는 어제까지 알 수 있었던 모든 것을 반영해
결정된 것이다. 과거의 주가 변동은 미래의 주가를 예측하는
데 어떠한 유의미한 방식으로도 사용할 수 없다. 그래서 다
트 판 위에 종목 이름들을 붙여놓은 다음 다트를 던져 선택
한 투자 포트폴리오가 상당수 뮤추얼펀드의 수익률을 앞지를
수 있는 것이다.

주식시장에서 매일매일은 50대 50에서 다시 출발한다.
In stock market every day starts out fifty-fifty.

일류가 되기 위해서는

There are really no more brilliant investors than
brilliant lawyer or top-flight surgeons.

탁월한 능력의 투자자는 뛰어난 변호사나 일류 의사보다 그 숫자가
많지 않다.

변호사나 의사 같은 전문 직종처럼 투자 분야에서도 성공하려
면 특별한 전문지식과 한발 앞선 판단력이 필요하다. 그저 그
런 능력의 변호사나 의사가 남들과 비슷한 노력을 해서 큰 성
공을 거두는 경우는 없다. 주식시장에서는 이보다 더하면 더
했지 못하지 않다. 오랜 경험을 쌓은 베테랑 투자자도 함부로
자신하지 못하는 곳이 주식시장이다. 그런데도 시장이 좀 좋
아 보이면 아무런 사전 지식이나 경험도 없이 돈만 들고 뛰어
드는 아마추어 투자자들이 너무나 많다.

대단한 성과를 거두기 위해서는 엄청난 준비가 필요하다.
Great undertakings require great preparation.

불확실성

A normal market is the kind that never really happens.
이 세상에 정상적인 시장이란 없다.

주식시장은 늘 비정상적으로 오르내린다. 도저히 예상할 수 없는 사건들을 미리 반영해 급등락을 반복한다. 그러다 보니 내일은 물론 당장 한 시간 후에 무슨 일이 벌어질지도 예측할 수 없다. 10분 앞만 정확히 내다봐도 큰돈을 벌 수 있을 것이다. 그러나 아무도 그렇게 하지 못한다. 불확실성은 시장의 본질이다. 불확실한 상황이기에 투자 기회가 있는 것이다. 그러나 명심해야 할 것이 있다.

앞으로의 시장 흐름을 올바르게 예측하려면 분명한 근거를 갖고 있어야 한다.
In order to anticipate correctly, investor must have a definite basis for that anticipation.

진정한 가치

Buy value, not market trends or economic outlook.

시장 트렌드나 경제 전망이 아닌 가치에 주목해 매수하라.

주식시장은 기본적으로 개별 종목이 하나씩 거래되는 시장이다. 이 같은 개별 종목의 주가 움직임이 모여 시장의 트렌드를 만들어내는 것이다. 시장의 트렌드가 개별 종목의 주가를 움직이는 게 아니라는 말이다. 또한 전문가들이 내놓는 장밋빛 전망에 사로잡혀 성급한 투자 결정을 내려서도 안 되고 암울한 전망에 얼어붙어버려서도 안 된다. 중요한 것은 개별 종목, 즉 기업의 내재가치다. 모든 주식은 고유한 내재가치를 갖고 있으며, 이것은 쉽게 변하지 않는다.

주식의 진정한 가치에 집중하라.
Focus on real value in stocks.

무리를 따라가면

When everybody thinks alike, everybody is likely to be wrong.

모두가 비슷한 생각을 한다면 모두가 틀렸을 가능성이 높다.

역발상 투자를 처음으로 주장한 월스트리트의 현자(賢者) 험프리 닐이 한 말이다. 사실 대중들은 주식시장이나 기업에 대해 잘 모른다. 제대로 훈련 받지도 않았고 업종 분석이나 종목 선정에서 서투르기 마련이다. 그러다 보니 그때그때의 시장 트렌드를 따라 하거나 나름대로 정확한 타이밍을 잡으려 애쓰지만 지나고 보면 늘 틀린 판단을 한 것으로 드러난다. 현명한 투자자는 대중들의 과도한 열기를 경계한다. 한 방향으로 몰려다니는 무리의 일부가 돼서는 절대 좋은 성과를 거둘 수 없다. 분위기에 휩쓸려 다녔다가는 한순간에 나락으로 떨어진다.

❧

대중들은 대개 틀린다는 점을 명심하라.
Remember that the public is generally wrong.

닥치고 정진

Don't let setbacks deter you from your goals.

잠시 후퇴했다고 해서 목표를 포기해서는 안 된다.

비행기로 처음 하늘을 날았던 라이트 형제는 비행에 성공해 하늘을 날아본 횟수보다 이륙 도중 추락한 횟수가 훨씬 많았다. 하지만 추락할 때마다 새로운 정보를 얻을 수 있었고, 마침내 인간이 하늘을 날 수 있는 중요한 공식을 발견했다. 주식시장에서도 그렇다. 월스트리트의 전설적인 투자자 존 템플턴 경조차도 자신의 투자 가운데 3분의 1은 잘못한 것이었다고 인정했다. 하지만 나머지 3분의 2가 그를 성공으로 이끌었다. 어렵고 험한 시절을 잘 넘기면 반드시 좋은 날이 열린다.

비 온 뒤에 땅이 굳는 법이다.

After a storm comes a calm.

행동이 필요하다

The price does not concern itself with the why and wherefore.

주가가 왜, 무슨 까닭으로 그렇게 변동했는지 물어봐야
아무 소용도 없다.

주가의 변동은 투자자가 어떻게 움직여야 하는지를 알려주는
전령(傳令)이다. 명령을 가져온 병사에게 그 이유를 묻거나 옳
고 그름을 따져봐야 무슨 의미가 있겠는가? 중요한 건 가장
효과적인 방법을 찾아내 신속하게 그 명령을 실행하는 것이
다. 주가가 오늘 왜 그렇게 움직였는지 그 이유는 한동안 알려
지지 않을 수 있다. 하지만 행동은 당장 취해야 한다.

❧

주가가 등락하는 데는 늘 그럴만한 이유가 있지만, 주가는 아무런 설명도
해주지 않는다.

There is always a reason for fluctuations, but the stock price
doesn't go into explanations.

겸손

The market is smarter than you are.

시장은 당신보다 똑똑하다.

주식시장은 우리가 도저히 이겨낼 수 없는 가공할만한 힘을 갖고 있는 존재다. 당신이 아무리 똑똑하다 해도 시장은 늘 더 영리하게 움직인다. 당신이 지능지수가 높고 박사학위를 몇 개씩 가졌다 해도 시장의 타이밍을 정확히 맞출 수는 없다. 자기가 시장을 이길 수 있다고 떠들어대는 사람이 있다면 아무 말도 하지 말고 재빨리 그 사람 곁을 떠나라. 주식시장에서 성공하려면 우선 겸손해야 한다.

투자자에게 자만심만큼 무서운 적도 없다.
Remember that arrogance is the investor's chief enemy.

술주정꾼

Trading on tips is the height of foolishness.
비밀정보를 듣고 거래하는 것이야말로 가장 바보 같은 짓이다.

비밀정보는 바라지도 말고 주려고도 하지 말라. 사람들이 비밀정보를 귀담아 듣는 가장 큰 이유는 그것이 너무도 쉽기 때문이다. 그저 귀를 쫑긋 세우고 듣기만 하면 된다. 그래서 비밀정보를 얻으려는 사람들은 희망의 칵테일에 취해보고 싶어서 그러는 것이라고도 말한다. 돈에 눈이 멀어서가 아니라 노력하려는 의지가 부족하기 때문이라는 지적이다. 마냥 술에 취해 떠들어대면 행복해질 수 있다고 여기는 사람들처럼 말이다.

≈

비밀정보를 얻는 사람은 술주정꾼이나 마찬가지다.
Tip-takers are like drunkards.

소탐대실

Don't try to catch the last eighth or the first.
마지막 8분의 1달러나 처음 8분의 1달러까지 잡으려 하지 말라.

이 둘은 세상에서 가장 비싼 대가를 치러야 하는 8분의 1달러다. 미국 뉴욕증권거래소(NYSE)의 최소 호가 단위는 8분의 1달러인데, 여기에 연연했다가는 시장의 큰 흐름을 놓치기 십상이다. 주가의 작은 등락을 전부 잡아낼 수 있는 사람은 이 세상 어디에도 없다. 시장의 큰 흐름은 무시한 채 적은 차익을 노리고 시도 때도 없이 매매하는 것이야말로 돈을 날리는 첩경이다. 강세장에서 해야 할 일은 강세장이 끝날 때까지 보유하는 것이다. 길게 멀리 보면 어렵지 않다. 조급해할수록 더 어려워진다.

❧

소탐대실이다.
Penny wise and pound foolish.

다들 알고 있다면

The crowd will make mistakes.
군중의 반대편에 서라.

이런 속담이 있다. "두 사람이 머리를 합치면 한 사람보다 낫다." "네 눈이 두 눈보다 더 잘 본다." 그러나 주식시장에서는 이런 말이 통하지 않는다. 주식시장에서는 둘이 같은 의견을 냈다고 해서 서로 다른 의견을 냈을 때보다 더 나아지지 않는다. 다른 사람들이 전부 당신의 의견에 동의했다고 해서 당신이 옳은 것도 아니다. 오히려 틀렸을 가능성이 더 높다. 주식시장은 대다수의 생각과 어긋난 방향으로 흘러가는 경우가 많기 때문이다. 중요한 것은 당신이 무엇을 아느냐다.

❧

모두가 알고 있는 것은 알 필요도 없다.
Something that everyone knows isn't worth knowing.

공짜는 없다

No one is going to hand you a lot of easy money.

거액의 공돈을 그냥 건네줄 사람은 이 세상에 없다.

투자의 세계에서 이 사실만큼 분명하고도 확실한 것은 없다. 주식 투자는 무척 어려운 일이다. 투자에 성공하기 위해서는 어떤 분야보다 더 많이 노력해야 하고, 지식과 인내, 정신적인 단련이 필요하다. 주식시장에서 쉽게 돈 한번 벌어보겠다고 투자에 나섰던 사람들은 이 속된 세상에 공짜는 없다는 사실을 깨닫기까지 어떤 식으로든 대가를 치르고야 만다. 세상에 공돈은 없다. 공돈이 있다 해도 그냥 건네주는 경우란 없다. 공짜를 밝히다간 반드시 값비싼 대가를 치르게 된다.

공짜 점심은 없다.
There is no free lunch.

앞날을 보라

The stock market has no past.

주식시장은 오로지 미래를 위해서만 존재한다.

주식 투자를 하는 목적은 내일을 위한 것이다. 앞을 바라보고 투자하는 것이다. 누구도 뒤돌아보며 투자할 수는 없다. 놓쳐 버린 기회를 아쉬워하며 지나간 주가에 연연해봐야 아무 소용도 없다. 지난달보다 혹은 지난주보다 많이 떨어졌다고 해서 덥석 매수하는 것만큼 어리석은 일도 없다. 주식을 팔 때도 마찬가지다. 보유 주식의 매도 여부를 결정할 때 자신이 앞서 매수한 가격은 전혀 고려할 필요가 없다. 중요한 것은 현재의 주가며 미래의 상승 가능성이다.

❧

주식 투자자는 언제나 앞날을 내다봐야 한다.
Always try to look ahead.

수요와 공급 모두를

All the stocks are always owned by someone.
모든 주식은 누군가가 보유하고 있다. 언제나!

시장이 패닉에 휩싸이면 온통 "팔자" 일색이고, 주식을 갖고 있는 사람은 아무도 없는 것처럼 보인다. 반대로 강세장이 정점에 다다르면 너나할것없이 "사자"만 부르짖고, 1주라도 더 갖고 싶어 아우성치는 것 같다. 그러나 이건 잘못된 인식이다. 패닉에 휩싸이든 주식 붐에 정신 못 차리든 모든 주식은 누군가가 소유하고 있다. 매도 주문이 아무리 많아도 그것이 처리됐다면 그에 상응하는 매수 주문이 있었다는 말이다. 그 역도 마찬가지다.

❧

수요와 공급 모두를 주시해야 한다.
Look into both demand and supply.

매수 단가를 높여가라

Don't buy on a scale down, but on a scale up.

매수 단가를 낮춰가며 매수하지 말라. 매수 단가를 높여가며 매수하라.

주식을 매수하는 가장 안전한 방법은 시장이 상승세를 탈 때 매수하는 것이다. 무조건 싸게 매수하는 것보다 정확한 타이밍에 매수하는 게 더 중요하다. 시장이 상승세를 타고 있다면 매수 주문을 낼 때마다 주가가 이전보다 조금이라도 높을 것이다. 싸게 사서 비싸게 팔면 된다는 자세는 금물이다. 매매 거래에는 반드시 상대방이 있다. 내가 주식을 매수할 때는 나에게 매도하는 상대방이 있고, 내가 매도할 때는 매수해주는 상대방이 있다. 주식 거래는 상대방이 있어야 성립한다.

❧

주식을 너무 싸게 너무 쉽게 매수하려 들지 말라.
Never want to buy stocks too cheap or too easily.

너무 인기 있는 주식

You can't buy what is popular and do well.
인기 있는 주식만 사서는 좋은 성과를 거두기 어렵다.

주식시장만큼 역발상이 중요한 곳도 없다. 성공하는 투자자들의 공통점 가운데 하나는 아무도 관심을 기울이지 않는 데 주목했다는 점이다. 대개의 투자자들은 시장에서 화제가 되고, 그래서 많은 사람들의 입에 자주 오르내리는 종목에 관심을 갖는다. 하지만 시장에서 인기가 높다는 것은 다들 그 종목을 알고 있다는 것이고, 앞으로의 상승 가능성까지 이미 주가에 반영됐다는 뜻이다. 어쩌면 너무 과도하게 반영돼 현재 주가가 내재가치를 한참 앞서갔을 수 있다.

❧

너무 인기가 높은 주식은 조심해야 한다.
Beware of a stock that is given an abundance of publicity.

의심이 든다면

If you are right, go ahead. If in doubt, stay out.

당신이 옳다면 밀고 나가라. 의심이 든다면 빠져 나와라.

손실을 내는 계좌의 전형적인 특징은, 작은 수익이 생기면 즉시 주식을 팔아 이익을 챙기고, 손해가 나면 다시 오를 것이라는 희망으로 팔지 못하고 계속 보유한다는 것이다. 주식 투자는 신중하고 냉정해야 한다. 열 번 중에 한 번 차익을 남겨도 계좌 수익률을 플러스로 만들 수 있고, 손절매를 제대로 못하면 열 번 중에 한 번 손해를 봐도 깡통 계좌가 될 수 있다. 주가가 올랐다면 당신이 옳다는 것이다. 주가가 떨어졌다면 당신이 틀렸으므로 의심해보라는 신호다.

❧

손실을 즉시 받아들이는 것이야말로 성공 투자의 첫 번째 열쇠다.
Accepting losses promptly is the first key to success.

벌거벗은 임금님

Look at the current icons with a high degree of skepticism.

지금 시장에서 떠받드는 우상들을 의심에 찬 눈초리로 바라보라.

투자의 세계에도 늘 "벌거벗은 임금님"이 돌아다닌다. 모두들 최고의 기업이라고 떠받들며 영원히 잘 나갈 것처럼 믿어 의심치 않는 종목이 있다. 이런 주식에 투자한다면 절대 실패할 수 없다고 말한다. 그러나 현명한 투자자는 여기에 의문을 던지고, 시장의 우상을 한 번 더 냉정하게 살펴본다. 그리고 한결같이 박수를 쳐대는 군중들 속에서 제일 먼저 "임금님은 벌거벗었다"고 소리칠 것이다. 남들보다 높은 수익률을 올리려면 뭔가 새로운 것을 봐야 한다. 남들과 똑같이 바라보면 그저 그런 수준에 만족해야 한다.

뭐든지 믿는 건 바보짓이다.
A fool believes everything.

자기 노래를 부르라

Every singer must sing her own song.
어느 가수든 자기 노래를 가장 잘 부르는 법이다.

주식 투자자에게 가장 중요한 것은 자신만의 투자 전략을 갖는 것이다. 그래야 자기 눈으로 시장을 바라볼 수 있다. 오늘 당장의 분위기에 편승해 그것을 따라가기는 쉽다. 그러나 누가 솔깃한 얘기를 하는 것을 듣고서 혹은 잡지 커버스토리를 장식한 최고경영자의 장밋빛 전망을 믿고서 덥석 주식을 매수해서는 절대 좋은 수익률을 올릴 수 없다. 성공적인 투자를 위해서는 끊임없이 스스로 묻고 답해야 한다. 자기가 세운 투자 원칙과 전략을 지켜나가면 어떤 일이 있어도 흔들리지 않는다.

투자는 혼자서 하는 것이다.
Play a lone hand.

내가 살 수 없는 것이라면

You can't sell anything to anybody if you can't sell it first to yourself.

먼저 당신 자신에게 팔 수 없다면 누구에게도 팔 수 없다.

1920년대 초 고등학교 졸업 후 아무것도 모르는 상태에서 증권회사의 채권 세일즈맨으로 사회에 첫 발을 내디뎠던 제럴드 로브는 자기가 신뢰할 수 없는 채권을 판매하라는 상사의 지시에 반발해 입사 3일만에 회사를 그만두었다. 그리고 그는 평생 이 격언을 따른 덕분에 월스트리트 최고의 주식중개인으로 성장할 수 있었다. 그는 항상 최고의 고객은 바로 자기 자신이라고 말했다. 자기가 선전하는 것을 자신이 먼저 받아들이지 못한다면 차라리 집어치우는 게 낫다는 얘기다. 로브는 이렇게 덧붙였다.

꧁

나는 팔지 않는다. 다른 사람들이 나에게서 사갈 뿐이다.
I don't sell. People buy from me.

몰라도 된다

When a stock is going up no elaborate explanation is needed as to why it is going up.

주가가 올라갈 때는 왜 주가가 올라가는가만 알면 됐지 정교한
설명은 필요 없다.

주식시장은 모두가 알고 있는 것에 따라 움직이는 게 아니다.
시장은 최고의 정보를 갖고 있는 사람이 예상하는 것에 따라
움직인다. 시장의 모든 움직임은 미래의 어느 시점에야 설명이
가능하다. 주식 트레이딩의 기본은, 주가가 올라갈 때는 주가
가 왜 올라가는가만 알면 됐지 너무 정교한 설명은 필요 없다
는 것이다. 투기라는 게임의 속성상 진실은 그것을 알고 있는
소수의 입에서는 절대 나오지 않는다. 다만 시장의 움직임에
는 이것이 반영돼 있다. 시장을 관찰하는 목적은 바로 이것을
집어내기 위한 것이다. 더 이상 바라서는 안 된다.

❧

때로는 모르는 게 약일 수 있다.
Ignorance is bliss.

비자발적 장기 투자

The stock market is most dangerous when it looks the best.

주식시장이 가장 좋게 보일 때 그때가 제일 위험하다.

단기 차익을 노리는 투자자들은 늘 주식시장이 장밋빛으로 보일 때 뛰어든다. 장세가 좋으니까 언제든 차익을 남길 수 있을 것이라고 생각하는 것이다. 하지만 그랬다가는 "비자발적인 장기 투자자"가 되기 십상이다. 성급하게 뛰어들면 쉽게 빠져 나오기 어려운 법이다. 주식을 매수해야 할 시점은 모든 게 비관적이어서 아무도 주식을 사려고 하지 않을 때다. 이럴 때는 자기가 원하는 대로 주식을 싸게 살 수 있다. 좋은 주식을 살 기회는 얼마든지 있다.

❧

서둘러야 할 것 같다면 아직 때가 무르익지 않은 것이다.
If there seems to be need for haste, the time is not ripe for bargain-hunting.

선물 없는 고난 없다

There are wheels within wheels.
겉으로 드러나지 않은 우리가 모르는 원인이 있다.

하늘은 우리에게 선물을 줄 때마다 그 선물을 문제라는 포장지로 싸서 보낸다고 한다. 훌륭한 선물일수록 문제는 어렵고 까다롭다. 주식시장이 투자자에게 수익을 안겨줄 때는 그에 상응하는 대가를 요구하는 것이 당연하지 않겠는가? 성공한 투자자치고 뼈아픈 실패와 손실의 경험을 맛보지 않은 경우는 없다. 두 번 세 번 쓰러지고 넘어져도 다시 일어설 수 있어야 성공의 단맛을 볼 수 있다. 어떤 시련이 닥치더라도 그 어려움 속에 값진 열매가 감춰져 있음을 잊지 말라. 다 지나고 나면 선물이 없는 고난은 없었다는 사실을 알게 될 것이다.

❧

잡초 없는 정원 없다.
There is no garden without its weeds.

나는 누구인가

**A portfolio of stocks can give you a portrait of the
man who picked them.**

포트폴리오를 보면 그 주식들을 선택한 사람을 알 수 있다.

들고 다니는 가방이나 책상 서랍 속을 열어 보면 그 사람의
성격을 알 수 있다. 포트폴리오가 원래 서류가방을 의미하는
단어였으니 그 안에는 포트폴리오 구성 종목을 선정한 투자
자의 성격이 그대로 반영돼 있을 것이다. 그런데 이보다 더 중
요한 것은 그것을 통해 자신이 누구인가를 알아야 한다는 점
이다. 그러려면 자신의 투자 포트폴리오를 정기적으로 자세히
관찰해야 한다.

자신이 누구인지 알지 못하면 그것을 알아낼 때까지 값비싼 대가를
치러야 한다.
If you don't know who you are, Wall Street is an expensive place
to find out.

자본의 가치란

Capital value is income capitalized, and nothing else.

자본의 가치란 소득을 자본화한 것이다. 그 이상도 이 이하도 아니다.

현대 투자이론의 경전으로 일컬어지는《이자론The Theory of Interest》의 저자이자 예일대 경제학과 교수였던 어빙 피셔가 남긴 말이다. 그는 "가치가 있다는 것은 무엇인가?"라는 질문에 처음으로 과학적인 답을 제시했는데, 그것이 바로 배당할인모델(DDM)이다. 사실 여기에는 심오한 통찰이 숨어있는데, 부(富)란 이런저런 재산의 집합이 아니라 미래 소득의 흐름이라는 점을 밝혀낸 것이다. 꼭 기억해두라.

주식이나 채권의 가치는 미래 소득 흐름의 현재가치일 뿐이다.
The value of a stock or a bond is simply the present value of its future income stream.

놀라운 시장

Markets are dynamic.
시장은 역동적이다.

주식시장은 한시도 가만있지 않는다. 주가는 시시각각 움직이고 시장을 둘러싼 환경도 끊임없이 변한다. 경제 여건은 물론이고 정치 상황도 늘 유동적이다. 이렇게 시장은 역동적으로 움직이는데 어리석게 한 가지 시각만 고집할 필요는 없다. 어제까지 그토록 잘 들어맞았던 방법이라 해도 오늘은 전혀 통하지 않을 수 있다. 아무도 예상하지 못했던 사건이 발생해 시장이 급변하기도 한다. 그래서 늘 시장 상황을 예의 주시하며 어떤 변화에든 대응할 준비를 갖추고 있어야 하는 것이다. 투자의 성패는 변화하는 환경과 그렇게 달라진 현실에 얼마나 잘 적응하는가에 달려있다.

☙

놀라운 변화는 앞으로도 계속될 것이다.
Wonders will never cease.

자기 돈으로 하라

Don't speculate with another person's money.
남의 돈으로 투자하지 말라.

급하면 진다. 투자하기 전에 빚부터 갚고 시작하라는 말도 그래서 나온 것이다. 자기 돈이 아니면 아무래도 초조해진다. 남의 돈이다 보니 서두르게 되고 그러면 실수가 나온다. 특히 신용이나 급전을 써서 단타 투자를 하는 것은 금물이다. 주식은 현금이 아니다. 시장 상황이 나빠지면 환금성이 급격히 떨어질 수 있다. 돈을 빌리고 싶다면 먼저 최악의 상황을 예상해보고, 그래도 충분히 갚을 수 있는지 냉정하게 계산해보는게 좋다.

❧

단기 자금을 빌려 시장성이 낮은 자산에 투자해서는 안 된다.
Never borrow short-term money on unmarketable collateral.

직접 경험

It requires time to be a successful investor.

성공하는 투자자가 되기 위해서는 시간이 필요하다.

전념할 수 없으면 차라리 전문가에게 맡기는 게 낫다. 투자란 무척 어렵고 전문성이 필요한 분야다. 훌륭한 의사나 뛰어난 변호사가 단지 자격증만 있다고 되는 게 아니듯 성공하는 투자자도 오랜 세월에 걸쳐 아주 힘든 단련 과정을 거쳐야 한다. 경험이 없는 초보자가 한두 번 운 좋게 높은 수익률을 올릴 수는 있겠지만 이런 성과를 지속하기란 불가능하다. 로마는 하루아침에 이루어지지 않았다. 투자의 세계는 냉정한 곳이고 성공 투자에 경험은 필수적이다.

❧

인간이 정말로 아는 것은 오로지 직접 경험을 통해서 배운 것들뿐이다.
Man really knows nothing except what he has learned by his own experience.

항상 좋을 수는 없다

Panics on Wall Street are notoriously periodic.
패닉은 정기적으로 어김없이 찾아온다.

세상은 낙관주의자가 만들어간다고 한다. 역사적으로 보면 주가지수가 우상향 커브를 그리는 것도 그 덕분이다. 미래를 장밋빛으로 내다보는 낙관주의적 시각이 없다면 누가 주식에 투자하겠는가? 성공 가능성이 100%인 사업은 없지만 그래도 기업은 과감하게 투자하고, 투자자들은 여기에 돈을 대준다. 그러나 주식시장이 항상 좋을 수는 없다. 주기적으로 패닉에 빠져들고 때로는 몇 년씩 장기 침체를 겪기도 한다. 그러므로 늘 조심해야 한다.

❧

낙관주의자가 되는 것은 좋지만 최악의 상황도 대비하고 있어야 한다.
It's right to be an optimist, but be prepared for the worst.

무리의 바깥으로 나와라

If you want to stand out from the pack, you have to stand outside the pack.

무리에서 특별하게 돋보이기 위해서는 무리의 바깥으로 나와야만 한다.

무리란 본디 동질적이다. 떼를 지어 몰려다니다 보니 서로서로 잘 구분이 되지 않는다. 주식시장에서도 어떤 트렌드나 테마가 자리를 잡으면 우르르 한쪽으로 모여든다. 무리에는 리더가 없다. 그저 무리 한가운데서 서로가 움직이는 대로 따라만 하면 된다. 그러나 이래서는 결코 훌륭한 투자 성과를 거둘 수 없다. 주식시장의 무리를 뒤따르면 기껏해야 평균 수익률을 올릴 수 있을 뿐이다. 남들보다 탁월한 수익률을 올리려면 남들과 다르게 해야 한다.

시장의 유행에서 소외된 주식을 사고 인기 있는 주식을 팔라.

Buy the stocks that are out of favor and sell the stocks that are most popular.

똥에다 건포도를 섞어도

If you mix raisins with turds, they're still turds.
똥에다 건포도를 섞어도 똥은 여전히 똥이다.

워런 버핏과 함께 살아있는 투자 신화를 일궈온 버크셔 해서웨이의 부회장 찰리 멍거가 자주 쓰는 말이다. 버핏과 멍거의 이런 냉정한 경구가 쏟아지기에 네브라스카 주의 작은 도시 오마하에서 매년 열리는 버크셔 해서웨이의 주주총회는 "자본주의의 우드스톡 축제"로 불리며 전세계의 주목을 받는 것이다. 멍거가 전해주는 메시지는 분명하다. 기업 내용이 부실한 주식은 아무리 그럴싸한 미사여구를 동원해 선전하더라도 절대 좋은 투자 대상이 될 수 없다. 본질이 변하지 않는 한 싸구려 주식은 아예 건드리지 않는 게 상책이다.

❧

돼지한테서 꿀꿀거리는 소리밖에 더 나랴?
What can you expect from a hog but a grunt?

인색한 시장

The stock market won't provide high returns just because you need them.
주식시장은 당신이 원한다고 해서 높은 수익률을 주는 곳이 아니다.

언제든 주식으로 돈을 벌 수 있다고 호언장담하는 사람이 있다. 그러나 시장은 그렇게 호락호락한 곳이 아니다. 오히려 인색하기 짝이 없는 곳이다. 주식 투자로 필요한 돈을 장만하겠다는 바람이야말로 돈을 날리는 가장 흔한 이유다. 갑자기 돈이 필요해 주식으로 이 돈을 충당하겠다고 마음먹은 사람은 투자가 아니라 도박을 하기 때문이다. 이런 사람은 정당한 리스크도 부담하지 않고 당장 손에 쥘 수 있는 이익만 쫓는다. 일단 자기가 투자했으니 시장이 알아서 따라줄 것이라고 여긴다. 그러다 보니 기다릴 여유가 없는 것이다.

꿀

허풍만 갖고는 아무것도 하지 못한다.
The greatest talkers are least doers.

맞서지 말라

**Do not argue with the condition, and most of all,
do not try to combat it.**

시장을 둘러싼 여건을 인정하라. 그것에 맞서 싸우려 하지 말라.

주가는 끊임없이 오르내린다. 지금까지 그래왔고 앞으로도 그럴 것이다. 대세상승이나 대세하락 같은 큰 주가 흐름의 이면에는 거역할 수 없는 힘이 존재한다. 이것만 알고 있으면 충분하다. 주가가 왜 그렇게 움직였는지 따지거나 대들 필요는 없다. 중요한 건 시장이 의미 없이 움직이는 경우는 없다는 사실이다. 때로는 움직이고 난 뒤 한참이 지나서야 비로소 그 의미가 밝혀지기도 하고, 심지어 영원히 그 의미가 드러나지 않을 때도 있다. 하지만 그 이면에 어떤 힘은 존재한다. 필요한 것은 그 흐름을 타는 것이지 흐름에 맞서는 것이 아니다.

지난 일은 내버려두라.
Let bygones be bygones.

무도회장의 신데렐라

Good times will prompt bad decisions.
시절이 좋으면 나쁜 결정이 나오게 마련이다

닷컴주 열풍이 정점에 달했던 2000년 초 워런 버핏은 버크셔 해서웨이 주주들에게 보낸 연례서한에서, 닷컴주 투자자를 무도회장의 신데렐라에 비유해 "바늘도 없는 시계가 걸린 방에서 마지막 1초 전까지 파티를 즐기다 무도회장을 떠나겠다고 생각하는 사람들"이라고 꼬집었다. 자정이 넘도록 남아 있다가는 황금마차와 말이 호박과 쥐로 변할 줄 뻔히 알면서도 화려한 무도회장의 분위기에 취해 마지막 순간까지 즐기려 한다는 말이었다. 이들은 결국 앞선 강세장에서 번 돈을 전부 날리고 말았다.

自만하면 곧 이어 몰락이 닥친다.
Pride goes before a fall.

가상 연습

You must back your opinions with your money.
반드시 진짜 돈을 갖고 자신을 의견이 맞는지 확인하라.

가상의 계좌로 제아무리 많은 상상 투자를 했다 해도 그건 아무런 도움도 되지 않는다. 마음속으로 주식시장이 폭락할 것이라고 생각했는데 다음날 거짓말처럼 주가가 급락했다든가, 머릿속으로 점 찍었던 종목이 며칠 연속 급등세를 기록했다고 이익이 되는 것은 하나도 없다. 오히려 괜한 자신감만 생길수 있다. 반드시 자기 돈을 직접 걸어봐야 한다. 그래야 수익이 났을 때 그 결실을 생생하게 느낄 수 있고, 손실이 났을 때 뼈아픈 반성과 함께 귀중한 교훈을 얻을 수 있다. 주식시장은 연습을 허용하지 않는다.

❧

백마디 말보다 실전이 중요하다.
Practice what you preach.

시장의 예측 능력

What is true of the market has virtually become true of economics.

주가는 경제에 선행한다.

주식시장은 이따금 현재의 경기 상황과 반대로 움직이는 것처럼 보이기도 하지만 그렇기 때문에 시장은 더욱 유용한 것이다. 시장의 진정한 예측 능력은 여기서 나온다. 시장이 전해주는 것은 오늘의 경기 상황이 아니라 앞으로 경기가 어떻게 전개될 것인가 하는 점이다. 어떤 사실을 모든 사람이 알게 되면 그 시점부터 시장 변수로서의 기능을 상실한다. 시장은 오늘 현재의 경제 상황을 말하지 않는다.

☙

시장이 말해주는 것은 앞으로 몇 달 후의 상황이다.
The market is saying what business condition will be months ahead.

몇 수 앞

Look far ahead instead of considering the particular shot before you.

당장 눈앞의 수만 생각하지 말고 멀리 몇 수 앞을 내다보라.

프로 당구 선수는 눈앞의 수만 생각하고 게임을 하지 않는다. 주식시장에서도 그렇다. 프로와 아마추어는 투자를 대하는 태도부터 다르다. 많은 투자자들은 아마추어 애호가의 입장에서 그때그때 자기 하고 싶은 대로만 한다. 반면 노련한 투자자일수록 당장 돈을 벌려고 하기 보다는 자신이 옳은 판단을 내리고 있는가에 집중한다. 무언가에 전력을 기울이다 보면 이익은 자연히 따라온다는 점을 알고 있기 때문이다.

※

투자란 시장의 움직임을 예측하는 것에 다름 아니다.

Investment is nothing more than anticipating coming movements.

맨 처음 손실

The investor has to be his own insurance broker.
투자자 스스로 자기 자신을 보호해야 한다.

주식 투자자는 처음의 작은 손실을 기꺼이 받아들일 줄 알아야 한다. 어떤 상황에서도 단호하게 손절매를 할 수 있어야 한다는 말이다. 계좌를 안전하게 지켜내야 내일을 기약할 수 있다. 이 세상에 투자 손실을 보상해주는 보험회사는 없다. 투자자 자신이 책임져야 한다. 주식 투자라는 사업을 앞으로도 계속 해나갈 수 있는 유일한 길은 언젠가 자신의 판단이 옳았을 때 돈이 없어 거래하지 못할 정도로 손실을 입는 일을 방지하는 것뿐이다.

맨 처음 손실이 가장 작은 법이다.
The first loss is the best.

자만

Complacency opens the door to disappointment.
자만하면 실망하게 된다.

폭발적인 강세장에서는 모든 투자자가 계속된 투자 수익에 도취해 자신이 갖고 있는 지식과 능력에 자만하기 쉽다. 그러나 이런 과신은 매우 위험하다. 자만은 방심으로 이어지고 결국 어처구니없는 실수를 낳는다. 주식 투자에 관한 한 모든 것을 알고 있다고 자신한다면 스스로 패망의 지름길로 접어든 것이다. 자만심으로 가득 찬 투자자가 성공하는 경우는 없다. 자만하게 되면 리스크 관리를 등한시하기 때문이다. 겸손은 투자자에게 꼭 필요한 덕목이다.

최고의 트레이더는 누구보다 겸손하다.
The best traders are the most humble.

냉혹한 평결

Listen to the bloodless verdict of the market place.

시장의 냉혹한 평결을 들으라.

매 순간 시장에서 내려지는 평결은 가혹할 정도로 정확하다. 시장의 판단은 주식을 사고파는 사람들의 희망과 바람, 충동까지 전부 균형을 이룬 것이다. 그것도 무책임하게 떠들어대는 군중이 아니라 사려 깊은 배심원들의 결정이다. 시장의 평결은 그것이 의식적인 것이든 무의식적인 것이든, 바라는 것이든 그렇지 않은 것이든 모든 증거에 기초하고 있다.

시장은 모든 사람이 알고 있는 모든 정보와 바람, 믿음, 기대를 전부 반영한다.
The market represents everything everybody knows, hopes,
believes, and anticipates.

외로운 게임

You must invest for yourself and in your own way.

투자는 혼자서 자기만의 방식으로 하는 것이다.

투자는 말없이 전념해야 하는 외로운 게임이다. 실수를 저지르면 누구도 탓할 수 없다. 그 책임은 자신에게 있고, 그 대가는 자신이 치러야 한다. 누가 대신해서 손실을 떠안아 주지도 않고, 다시 해보라며 공짜로 돈을 대주는 일도 없다. 누구보다 자신이 더 큰 고통을 받을 것이다. 하지만 현명한 투자자는 자기 책임 아래 혼자서 투자하고 자기만의 방식을 고수해나간다. 남의 의견을 따를 필요도 없고 자신의 의견을 남에게 강요할 이유도 없다. 주식시장에서 대다수의 의견은 대부분 틀린다.

❧

둘 다 틀렸다고 해서 옳은 것은 아니다.
Two wrong don't make a right.

뉴스가 나오면

There is no news in a bull market.
강세장에서는 아무런 뉴스도 없다.

주식시장이 패닉에 빠져들거나 주가가 급락하면 뉴스가 넘쳐 난다. 그런데 시장이 약세장에서 벗어나 올라가기 시작할 때 는 이상하게도 뉴스가 없다. 오히려 상승세를 부정하고 의심 하는 뉴스가 더 많다. 강세장이 본격화할 때까지는 대개 그렇다. 그게 월스트리트의 상식이고 지금까지 그래왔다. 그러 다 뉴스가 넘쳐나고 지금까지 주가가 상승한 이유를 모두가 다 알게 되면 그것이 바로 강세장의 종언을 고하는 것인 경우 가 많다. 누구나 다 아는 재료는 더 이상 시장에 영향을 미치 지 못하기 때문이다.

호재성 뉴스가 나왔다면 팔아라.
Sell when the good news is out.

싸구려 귀엣말

Never invest solely on a tip.
귀띔 정보에 솔깃해 투자하지 말라.

잘 아는 친구가 이건 진짜 비밀이라며 건네준 솔깃한 정보, 혹은 해당 기업의 고위 임원한테서 직접 들은 내부자 정보를 따라 투자했다가는 백이면 백 전부 실패한다. 누가 봐도 틀림없는 정보 같고 실제로 그것이 맞는 정보일 수도 있다. 하지만 당신 말고도 여러 사람이 똑같은 정보를 받았다면, 더구나 그들은 지식과 경험 면에서 당신보다 훨씬 더 노련한 투자자라면 어떻게 될까? 그럴듯한 귀엣말에 솔깃해지는 것은 인간 심리의 한 속성이다. 그러나 주식시장에서 귀띔 정보로 성공한 투자자는 없다.

☙

싸구려 귀엣말은 어디에나 있는 법이다.
Cheap advice is plentiful.

진실

Knowledge is power and power need not fear lies.
지식은 힘이고, 지식이 있다면 거짓말을 두려워할 필요가 없다.

일시적으로 주가가 흔들릴 때가 있다. 불가피하게 나타나는 작은 조정일 수도 있고, 물량 확보에 나선 세력이 잠시 끌어내린 것일 수도 있다. 이렇게 주가가 자신의 판단과 다르게 움직일 때 꿋꿋하게 견뎌내는 것이 중요하다. 그렇다고 시장의 추세에 역행하라는 말이 아니다. 기본적인 시장 상황과 기업 가치에 대해 확실하게 파악했다면 주가가 잠시 흔들려도 마음까지 흔들리지는 않을 것이라는 말이다. 아는 것만큼 강력한 우군도 없고 확실한 지식만큼 든든한 것도 없다. 지식이라는 힘이 있으면 어떤 거짓에도 넘어가지 않는다.

진실은 아무런 맹세도 요구하지 않는다.
A true word needs no oath.

빈 수레가 요란하다

Don't talk about the market. You will attract too much idle gossip.

시장에 대해 얘기하지 말라. 쓸데없는 가십거리만 들려올 것이다.

주가가 앞으로 어떻게 될지 족집게처럼 맞출 수 있다는 사람만큼 바보도 없다. 주식 투자로 돈 좀 벌었다고 해서 마치 자신이 투자의 달인이라도 되는 양 떠벌리는 것 역시 한심한 행동이다. 주식시장에서 큰돈을 버는 사람들은 대개 입이 무거운 편이다. 필요할 경우에는 길게 말할 때도 있지만 결코 자기주장을 강하게 펴지는 않는다. 상대방도 나처럼 자기 의견을 갖고 있을 것이기 때문이다. 중요한 것은 이런저런 사람들의 주장이나 의견이 아니라 정확한 팩트다. 속담에도 있듯이 빈수레가 요란한 법이다. 말처럼 가벼운 것도 없다.

✢

말을 적게 하라. 그러면 좋아질 것이다.
Talk little and well.

어차피 리스크가 따른다

Money is made by discounting the obvious and betting on the unexpected.

이미 알려진 것은 무시해버리고 불확실한 데 베팅해야 돈을 벌 수 있다

여전히 노익장을 과시하며 헤지펀드 업계의 거인으로 군림하고 있는 조지 소로스가 한 말이다. 사실 주식시장처럼 불확실한 곳도 없다. 100% 확신할 수 있는 것이라고는 하나도 없다. 소로스의 말처럼 시장은 끊임없이 변동하고 언제든 급변할 수 있다. 그러나 이렇게 불확실하기 때문에 투기가 존재하고 투자자가 모여들고 큰돈도 벌 수 있는 것이다. 안전하게 은행에 예금하면 정기적으로 고정된 이자를 받을 수 있지만 그렇게 해서 높은 수익률을 올릴 수는 없다.

投기란 확실하지 않을 때 시작하는 것이다.
Speculation begins when certainty ends.

공부

You have to study for your money.

공부하지 않으면 돈을 벌 수 없다.

돈을 벌기 위해서는 노력이 따라야 한다. 열심히 공부하고 명료하게 사고해야 주식시장에서 성공할 수 있다. 의사가 부단히 새로운 과학적 사실들을 연구하듯 투자자는 모름지기 주식시장의 흐름에 영향을 미치는 모든 분야의 변화 추이를 추적할 수 있도록 경제 전반을 꾸준히 공부해야 한다. 이렇게 오랫동안 투자를 해나가면 습관처럼 최신 정보에 익숙해지고, 시장에 무슨 변화가 생길 때마다 자동적으로 대처할 수 있다. 값으로 따질 수 없는 프로의 자세가 몸에 배는 것이다.

현명한 투자자는 시장 전반에 대한 공부를 멈추는 법이 없다.

The wise investor never ceases to study general conditions,

고통 없는 즐거움 없다

Once bitten, twice shy.
한 번 물리면 다음은 조심한다.

뜨거운 난로 덮개 위에 앉았다가 혼이 난 적이 있는 고양이는 다시는 뜨거운 난로 덮개 위에 앉으려 하지 않는다. 당연한 일이다. 그런데 이 고양이는 차가운 난로 덮개 위에도 올라서지 않는다. 학습효과는 이렇게 무서운 것이다. 주식 투자자들도 한번 호되게 당하고 나면 아예 주식시장을 쳐다보지도 않으려 한다. 손실이 무서워 투자를 단념해버리는 것이다. 그러나 이건 더 큰 실수다. 손실을 보지 않는 완전무결한 투자자는 이 세상에 없다. 조심하라고 해서 깨끗이 포기하거나 물러서라는 말은 아니다.

❧

고통 없는 즐거움은 없는 법이다.
There is no pleasure without pain.

투자하지 말아야 할 사람

There is one type that absolutely must not invest,
the credulous person who is a born dupe.
절대로 투자를 하지 말아야 할 유형이 있으니, 천성적으로 잘
속아넘어가는 사람이다.

주식시장에서 성공한 사람들을 보면 뚜렷한 특징이 있다. 주로 냉정하고 감정에 흔들리지 않고 신중한 성격이다. 반면 충동적이고 변덕스럽고 불안정하고 신경질적인 사람치고 주식투자로 성공하는 경우는 드물다. 특히 위험한 경우는 남의 말이나 그럴듯한 선전에 쉽게 넘어가는 부류다. 이런 사람들은 드러난 사실도 무시하고 시장 여건도 연구하지 않는다. 오로지 자기가 만들어낸 환상만 믿는다. 경마장이나 카지노가 돈을 버는 건 이런 사람들 덕분이다. 습관처럼 스스로 환상을 만들어내는 사람은 직접 투자를 하지 않는 게 낫다.

오래된 습관은 버리기 힘든 법이다.
Old habits die hard.

도전

Fortune favors the bold.
행운은 용감한 자의 편이다.

기회가 왔을 때 확실히 붙잡아야 한다. 설령 무모한 모험처럼 보이더라도 기꺼이 도전할 만한 것이라면 덤벼볼 필요가 있다. 당연히 리스크가 따를 것이고, 성과를 얻기까지 지난한 과정을 거쳐야 할 것이다. 그러나 모험 없이 이익을 얻고, 위험 없이 새로운 것을 경험하고, 일하지 않고 보상을 바라는 것은 태어나지도 않은 채 살아가려는 것만큼이나 불가능한 일이다. 투자의 세계에서 진짜 중요한 것은 단기적인 수익을 얻었는가가 아니라 자신에게 기회가 왔다는 사실을 깨달았는지 여부다. 목표와 원칙이 있는가? 그렇다면 자신 있게 도전해보라.

⚘

위험을 무릅쓰지 않으면 아무것도 얻을 수 없다.
Nothing risked, nothing won.

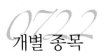

개별 종목

If you spend more than 14 minutes a year worrying about the market, you've wasted 12 minutes.

1년에 14분이나 주식시장을 걱정했다면 12분은 시간 낭비였다.

전설적인 펀드매니저 피터 린치가 한 말이다. 그렇다고 무조건 주식시장을 멀리 하라는 게 아니라 종목을 더 열심히 챙기라는 것이다. 괜찮은 주식인데도 시장 전체가 약세를 지속하는 바람에 주가가 터무니없이 낮은 경우를 종종 발견한다. 그런데도 섣불리 매수하지 못하는 건 순전히 시장 분위기 탓이다. 그러나 분명한 사실은 주가에 비해 내재가치가 뛰어난 종목이라면 매수해야 한다는 것이다. 시장 분위기에 휩쓸려 훌륭한 매수 기회를 놓쳐서는 안 된다.

❧

진짜 관심을 기울여야 할 대상은 개별 종목의 향후 전망이다.

Do not concern yourself as much with the market in general as with the outlook for individual stocks.

아무리 똑똑해도

The stock market has a way of inducing humility in even its most brilliant student.

주식시장은 아무리 똑똑한 학생조차도 비참하게 만들 수 있다.

무서운 진실이다. 우리가 주식시장을 두려워해야 하는 이유도 바로 이 때문이다. 경제 지식이 아무리 많은 사람도, 수학적 두뇌가 아무리 발달한 사람도 한 순간에 바보가 될 수 있는 곳이 주식시장이다. 심지어 지난 몇 년간 꾸준히 높은 수익률을 올려왔던 정상급 펀드매니저가 어느 날 갑자기 수렁 속으로 빠져드는 곳이기도 하다. 주식시장에서는 투자자가 어떤 사람인가가 아니라 오로지 투자 의사결정의 결과가 중요하다. 주가는 매 순간 그것을 냉정하게 판정해준다.

수영 잘하는 사람이 물에 빠져 죽는다.
It's the strong swimmers who drown.

루머

Hear-say is half lies.
소문의 절반은 거짓말이다.

주식시장에서 남의 말을 듣고 돈 벌었다는 사람은 눈을 씻고 찾아봐도 없다. 흘러 다니는 루머는 물론이고 그럴듯한 비밀 정보나 믿을 만한 곳에서 나왔다는 내부자 정보까지, 절대로 이런 말을 듣고 투자해서는 안 된다. 루머는 대개 사실이 아니거나 과장돼 있고, 비밀정보와 내부자 정보에는 틀림없이 함정이 있다. 주가는 이런 저런 말들이 만들어내는 게 아니다. 기업 실적이 주가를 결정한다. 주목해야 할 것은 실적의 변화지 시중에 떠도는 소문이나 귀엣말이 아니다. 소리 없이 오르는 종목이 진짜 무서운 주식이다.

❧

좋은 술은 따로 광고할 필요가 없다.
Good wine needs no bush.

노심초사

They who live in a worry invite death in a hurry.
걱정이 많으면 명을 재촉한다.

투자한 주식 때문에 밤에 잠이 오지 않는다면 절반을 팔아버리는 게 좋은 해결책이다. 만일 그래도 잠이 오지 않으면 유일한 해결책은 나머지 절반마저 처분하는 것이다. 노심초사한다고 해서 안 오를 주식이 올라갈 것도 아니고 떨어진 주식이 금세 다시 회복되지도 않는다. 전 재산을 투자해, 거기다 신용까지 얻어 주식을 샀다가 어느 날 시장이 패닉에 빠져 주가가 급락하자 그 충격으로 사망한 투자자도 있다. 강제매매를 당하면 엄청난 손실로 이어진다. 그 전에 조심해야 한다.

自身이 감당할 수 없을 정도로 너무 많은 주식을 매수하는 것은 금물이다.
Don't buy more stock than you can safely carry.

그 다음에는

After advancing markets, and prices waver, lower prices will come.

강세장 다음에는 소강 국면으로 접어들고 결국 약세장이 찾아온다.

초유의 대세상승 장세라 해도 그 흐름이 영원히 지속될 수는 없다. 나무가 아무리 높이 자라도 하늘 끝까지 닿을 수 없는 것과 같은 이치다. 시장은 늘 이래왔는데 사람들은 이런 사실을 자주 망각한다. 주가가 올라가기 시작하면 강세장이 계속 이어질 것이라고 기대하는 것이다. 게다가 강세장은 한 번에 방향을 틀지 않는다. 잠시 호흡을 가다듬은 뒤 다시 상승세를 재개하기도 하고, 특히 마지막 국면에서는 가장 화려하게 빛난다. 그래서 다들 부나비처럼 뛰어드는 것인데 명심하라.

거품 장세 다음에는 항상 끔찍한 약세장이 뒤따랐다.
Each of the bubbles was followed by a terrible bear market.

투자는 리스크 관리

Never make a bet you can't afford to lose.

감당할 수 없을 정도로 투자하지 말라.

투자는 한마디로 리스크 관리다. 지금 자신의 투자에 동반된 리스크를 한시도 잊지 말아야 한다. 그런데도 대부분의 투자자들이 이를 망각한다. 한번에 더 큰 수익을 올리려고 혹은 그동안의 손실을 일거에 만회하기 위해 투자 규모를 갑자기 늘리곤 한다. 수익만 보고 손실을 보지 못하는 것인데, 운 좋게 시장이 자기 예상대로 움직여주면 다행이지만 대개는 그렇지 못하다. 이렇게 해서 엄청난 손실을 입으면 회복불능 상태에 빠질 수 있다. 손실 한도를 제한하고 투자 규모를 적정선 아래로 유지하라.

투자의 성패는 리스크 관리가 90%를 좌우한다.
Risk control is 90% of the investment battle.

수익이 나고 있다면

If the trade goes in your favor, follow it until the last trade goes against you.

일단 수익이 나고 있다면 주가가 방향을 틀 때까지 계속 밀고 나가라.

어제 산 주식이 오늘 조금 올랐다고 당장 팔아버려서는 주식 시장에서 훌륭한 성과를 거둘 수 없다. 투자의 성패는 승률이 얼마나 높은가가 아니라 최고의 주식을 잡았을 때 거기서 얼마나 높은 수익률을 올렸는가에 따라 결정되기 때문이다. 어제 매수한 종목의 주가가 오늘 상승하고 있다면 가만히 지켜보라. 주가가 도로 떨어질까봐 초초해하거나 조급하게 이익을 실현해서는 안 된다. 주가가 나에게 불리하게 흘러가면 그때 매도를 고려해도 늦지 않다. 무슨 일이든 시작이 중요하다.

处음이 좋으면 절반은 이루어진 것이다.
Well begun is half done.

사기꾼과 바보

Only a foolish speculator hopes to buy stocks at the lowest and sell them at the highest.

어리석은 투기자만이 바닥에서 매수해 천정에서 매도하려고 한다.

상승세의 정점이 어디일지, 하락세의 끝이 언제일지는 누구도 예측할 수 없다. 주식시장의 천정과 바닥은 지나고 난 뒤에야 비로소 정확히 파악할 수 있다. 물론 시장의 마지막 고비를 족집게처럼 집어내 화제가 되는 경우도 있다. 하지만 이런 경우 역시 운이 좋아 그렇게 된 것이지 계속해서 정확히 예측할 수는 없다. 만일 자기가 늘 시장의 천정과 바닥을 맞출 수 있다고 자신한다면 그런 사람은 사기꾼이거나 아니면 바보일 것이다. 경험 많은 노련한 투자가일수록 섣불리 시장을 예단하지 않는다.

누구도 시장을 앞질러갈 수 없다.
No one can outguess the market.

넓게 멀리 보라

Tenacity without flexibility is no virtue.
고집스럽게 한 가지 방법에만 집착해서는 안 된다.

존 템플턴 경이나 워런 버핏, 조지 소로스 같은 인물들도 젊은 시절 숱하게 실수를 저질렀고 몇 번씩이나 실패를 경험했다. 그럼에도 불구하고 이들이 성공할 수 있었던 것은 긍정적이면서도 유연한 자세가 있었던 덕분이다. 틀렸을 때 자신의 잘못을 인정하고 새로운 방법을 찾아낸 것이다. 만일 이전의 방식을 계속해서 고집했다면 이들 역시 좌절하고 말았을 것이다. 누구나 실패한다. 문제는 실패로 인해 다시 일어서지 못하는 것이다. 진정한 위대함은 고집과 집착이 아니라 유연함에서 나오는 것이다. 넓게 멀리 보라.

❧

나무만 봐서는 숲을 보지 못한다.
One cannot see the wood for the trees.

 제 눈에 안경

It isn't the chart, it's the man who reads the chart.
중요한 건 차트가 아니다. 차트를 읽는 사람이다.

기술적 분석을 중시하는 이들은 주가 차트에 해당 기업의 과거 실적뿐만 아니라 미래 전망까지 모두 반영돼 있다고 주장한다. 차트만 잘 보면 향후 주가 움직임을 예상할 수 있다는 말이다. 어느 정도는 일리 있는 것도 사실이지만, 문제는 똑같은 차트를 놓고서도 얼마든지 다른 해석이 가능하다는 것이다. 가령 차트의 어떤 부분을 더 주목해서 볼 것인가부터 사람들마다 다르고, 주가 외에 거래량을 별도로 분석해 볼 필요가 있는가에 대해서도 의견이 엇갈린다. 결국 하나의 차트를 분석가 10명이 들여다 보면 10가지 주가 전망이 나오는 것이다.

❧

제 눈에 안경이다.
Beauty is in the eyes of the beholder.

최고의 주식이 제일 싸다

0801

The best is always the cheapest in the end.

궁극적으로는 최고의 주식이 늘 가장 싸다.

투자 등급이 매우 낮은 부실 기업 채권인 정크본드가 한창 붐을 타고 있을 때였다. 한 투자자가 워런 버핏에게 정크본드에 대해 어떻게 생각하느냐고 묻자 이런 답이 돌아왔다. "그 이름에 걸맞는 대접을 받을 것이오." 실제로 얼마 지나지 않아 정크본드 가격은 급락했고, 많은 투자자들이 수익은커녕 상당한 원금손실을 감수해야 했다. 주식시장에도 이렇게 터무니없이 낮은 가격으로 거래되는 종목들이 즐비하다. 그러나 진짜로 싼 주식은 앞으로 높은 수익률을 올려줄 종목이지 무조건 헐값에 팔리는 종목이 아니다. 주식 투자는 양이 아니라 질에서 판가름 난다.

주식의 질에 주목하라.
Stick with quality.

시작은 다 좋았다

Every bad idea starts from a good idea.
나쁜 아이디어도 시작은 전부 좋은 아이디어였다.

닷컴주 열풍이 거세게 몰아쳤던 1990년대 말을 떠올려보자. 닷컴주를 비롯한 첨단 기술주들은 그야말로 천청부지로 주가가 뛰어올랐지만 그 밑바탕에는 인터넷이라는 혁신적인 아이디어가 있었다. 인터넷은 세상을 변화시키고 있었고, 인터넷 혁명을 선도하는 마이크로소프트와 아메리카온라인, 야후, 아마존 같은 기업들은 탁월한 기업임이 틀림없었다. 그러나 시간이 지나자 닷컴주 열풍은 너무 과열됐고, 정체를 알 수 없는 인터넷 기업들까지 우후죽순처럼 생겨났다. 결국 그 결말은 파국으로 이어졌다. 명심하라.

❧

지옥으로 가는 길은 선의로 포장돼 있다.
The road to hell is paved with good intentions.

느려도 꾸준하게

Wait until there is money lying in the corner.

돈이 한구석으로 가만히 모여들 때까지 기다리라.

주식시장에서 큰돈을 번 사람들의 성공담을 들어보면 의외로 간단하다. 돈이 한곳으로 모여들 때까지 충분히 기다린 다음 조용히 그곳으로 가서 돈을 긁어 모았다는 것이다. 그럴 때까지 이들은 아무것도 하지 않는다. 오로지 뭔가가 나타날 때까지 참고 기다리는 것이다. 낚시에 비유하자면 "물 반 고기 반"이 될 때까지 그냥 앉아있는 것인데, 많은 투자자들은 이와 정반대로 한다. 돈을 벌려면 지금 당장 행동에 나서야 한다고 생각하고 급하게 뛰어드는 것이다. 절대로 그래서는 안 된다.

❧

서두르면 후회하게 된다.
Haste is the sister of repentance.

The market is going to go higher than you think it can and lower than you think it will.

시장은 생각하는 것보다 더 높이 올라가고 생각하는 것보다
더 밑으로 떨어진다.

시장은 우리가 어떻게 생각하는지 전혀 개의치 않는다. 옳게 판단했는지 잘못 판단했는지도 묻지 않는다. 패닉에 빠져 얼마든지 히스테리를 부릴 수 있고, 광기에 휩싸여 어느 날 거대한 거품을 만들어낼지 모른다. 시장에서는 정말 무슨 일이든 벌어질 수 있다. 왜 그럴까? 별의별 사람들이 시장에 참여할 뿐만 아니라 이들 각자가 갖고 있는 정보와 생각하는 방향이 다르기 때문이다.

༄

온갖 게 다 모여 이 세상이 된 것이다.
It takes all sorts to make a world.

패닉의 교훈

Buying the best stocks on panics is almost always justified in the event.

패닉이 닥쳤을 때 최고의 주식을 매수하면 거의 항상 그 보상을 받는다.

늘 지나고 나서야 깨닫는 것이지만 패닉이 가르쳐주는 중요한 교훈이 하나 있다. 시장이 두려움에 휩싸이게 되면 일류 우량주가 이류, 삼류 주식보다 오히려 더 큰 폭으로 떨어지곤 한다는 것이다. 주식의 가치는 따지지도 않고 너도나도 현금화하다 보니 벌어지는 일이다. 더구나 시장이 급락하면 매수세가 자취를 감춰 웬만한 주식은 팔 수조차 없고, 그나마 시장이 형성돼 있는 최고의 주식을 하는 수없이 내다파는 것이다. 따라서 이런 시장 상황을 잘 활용하면 좋은 투자 기회를 얻을 수 있다.

❧

궁극적으로 주가를 결정하는 것은 가치다.
Value will finally determine the price.

낙관과 긍정

Do not be overly fearful or negative.

과도한 두려움이나 부정적인 시각을 버려라.

주식 투자를 하다 보면 폭락하는 날도 겪어야 하고, 약세장이 몇 년씩 이어지는 것을 지켜봐야 할 때도 있다. 그러나 장기적으로 보면 주식시장은 꾸준히 상승해왔다. 그런 점에서 월스트리트를 이끌어온 주역은 다름아닌 낙관주의자들이었다. 낙관주의야말로 온갖 시련과 어려움을 극복할 수 있게 해준 원동력이었다. 시장에 대한 두려움이나 부정적인 시각은 투자자의 신념을 갉아먹고 성공적인 투자를 향한 발걸음을 가로막는다. 두려울수록 긍정적으로 바라보라.

무슨 문제든 두 가지 시각으로 바라볼 수 있다.

There are two sides to every question.

경험

Experience teaches you how little you know.

경험을 해봐야 우리가 얼마나 무지한지 안다.

연적과의 결투를 앞둔 어느 귀족 청년이 자신의 총 솜씨를 자랑했다. 100미터 앞에 놓인 와인잔 기둥도 정확히 맞출 수 있다고 말이다. 그러자 옆에 있던 친구가 말했다. "그래, 하지만 그 와인잔이 총탄을 장전한 채 자네 심장을 겨누고 있다면 그래도 명중시킬 수 있겠나?" 세상에 말로 하는 것만큼 쉬운 것도 없다. 주식 투자도 그렇다. 가상 거래에서는 아무런 흥분도 느껴지지 않고 긴장할 필요도 없다. 탐욕과 두려움이 얼마나 무서운가는 실전 투자를 통해서만 알 수 있다.

❧

경험만큼 훌륭한 스승도 없다.

Experience is a great teacher.

발버둥치지 말라

Quit while the quitting is good and cheap.

그만두는 게 좋을 때 그만두라. 그래야 손실이 적다.

주가와 싸워봐야 아무 소용도 없다. 시장의 흐름을 거스르는 투자는 규모가 크든 작든 실패할 수밖에 없다. 무엇보다 중요한 것은 자신의 투자 철학과 원칙을 잊지 않는 것이다. 어떤 종목을 매매하든 반드시 자신의 트레이딩 원칙에 따라 해야 한다. 아무리 강력한 세력도 시장을 이길 수 없고, 제아무리 뛰어난 트레이더도 시장의 명령을 거역할 수는 없다. 자신이 투자한 주식이 예상했던 방향대로 가지 않는다면 당장 투자를 멈춰야 한다.

❧

이익을 다시 찾겠다고 발버둥치지 말라.

Do not seek to lure the profit back.

노력이 필요하다

Learning to invest doesn't happen overnight.
제대로 투자하는 법을 하루아침에 배울 수는 없다.

주식시장은 그리 간단한 곳이 아니다. 어떻게 돌아가는지 이해하려고만 해도 상당한 공부가 필요하다. 게다가 주식시장 참여자들, 그러니까 당신의 거래 상대방 역시 호락호락한 사람들이 아니다. 어느 분야에서든 성공하기 위해서는 각고의 노력과 의지, 인내가 필요하다. 프로 야구선수나 골프선수들을 보라. 이들이 어느 날 갑자기 프로가 된 것은 아니다. 엄청난 연습과 훈련, 숱한 좌절과 시행착오를 거쳐 그 자리에 선 것이다.

성공할 만한 가치가 있는 것을 배우는 데는 시간이 필요하다.
Anything worth succeeding at takes time to learn.

빈 수레가 요란하다

Enjoy your gains as quietly as you win them.

조용히 돈을 벌고 돈을 번 뒤에도 조용히 즐겨라.

주식시장에서 큰돈을 벌었다고 떠들어대는 사람이 있다. 운 좋게 대박을 터뜨리면 마치 자신이 주식 투자의 달인이라도 된 것처럼 마음껏 자랑하는 것이다. 하지만 많은 사람들 입에 오르내린다고 좋아지는 것은 하나도 없다. 오히려 유명세로 인해 투자에 필요한 균형감각을 잃어버리기 십상이다. 떠들어댄다고 수익이 더 나는 것도 아니고, 유명해졌다고 자신의 능력이 더 향상되는 것도 아니다. 처음에 그랬던 것처럼 차분히 다음을 준비하는 게 현명하다.

❧

빈 수레일수록 요란한 법이다.

Empty vessels make the most sound.

백문이 불여일견

A profit is worth more than endless alibis or explanations.

긴 변명이나 설명을 늘어놓는 것보다 일단 수익을 올려야 한다.

최후에는 주가가 말을 해준다. 주식 투자자에게는 무엇보다 주가가 올랐는지 내렸는지가 중요하다. 지금 내가 투자한 주식이 얼마가 돼야 한다고 아무리 우긴들 그건 돈으로 연결되지 않는다. 자신이 투자한 주식의 가치는 오로지 현재의 주가에 따라 결정된다. 주가야말로 투자자가 구할 수 있는 가장 단순하면서도 객관적인 지표이기도 하다. 현재의 주가 움직임을 잘 관찰하면 그 이면에 숨어있는 단서를 포착할 수 있다. 주가는 이렇듯 투자자에게 신호등과 같은 것이다. 그러나 더 중요한 것은 투자 수익이다.

백문이 불여일견이다.
A picture is worth a thousand words.

관건은 판단이다

Your business as an investor is to back your own judgment always.

투자자로 활동하는 한 자신의 판단에 모든 것을 걸어야 한다.

주식시장은 냉정한 곳이다. 사교와 친목의 장이 아니다. 하나의 사업으로서 투자를 하는 곳이 주식시장이다. 사업을 하는 사람에게 가장 중요한 것은 냉정한 판단이다. 손실을 본다고 해서 누가 대신 부담해주지 않는다. 자기 자신이 책임을 져야 한다. 주식시장에 기사도 정신 따위는 통하지 않는다. 신사적으로 행동했다고 해서 아무도 보상해주지 않는다. 오로지 정확한 판단만 보상을 받는다. 사업은 언제나 사업일 뿐이다. 주식시장에 뛰어들었다면 사업가이자 투자자로서 늘 자신의 판단에 모든 것을 걸어야 한다.

❧

경험도 도움이 되지만 관건은 판단이다.

Experience is helpful, but it is judgment that matters.

망설이면 진다

Courage in an investor is merely confidence to act on the decision of his mind.

투자자에게 용기란 자신이 마음 먹은 것을 행동으로 옮길 수 있는 믿음이다.

《예술로서의 투기Speculation as a Fine Art》라는 저서로 유명한 딕슨 G. 와츠가 한 말이다. 정말 그렇다. 투자자에게 돈이 많다는 것은 기회가 왔을 때 한번 세게 내지를 자금을 확보했다는 의미일 뿐이다. 무엇보다 중요한 것은 시장에 대한 지식이다. 지금 어떤 행동을 할 것인가를 결정짓는 것은 다름아닌 경험에서 우러난 지식이기 때문이다. 현재의 주식시장을 둘러싼 기본적인 여건에 대한 지식이야말로 투자자를 지탱해주는 받침돌이다. 생각만 해서는 투자자가 될 수 없다. 성과를 얻으려면 자신이 가진 믿음에 따라 행동해야 한다.

∽∾

망설이다 보면 진다.
He who hesitates is lost.

증권업은 제조업

The securities industry is not a service industry.
It is a manufacturing industry.

증권업은 서비스 산업이 아니다. 증권업은 제조업이다.

다소 과장이 섞인 말이기는 하지만 한 번쯤 곱씹어볼 만한 경구다. 월스트리트는 사람들이 주식을 필요로 하면 얼마든지 주식을 만들어서 공급해준다. 어떤 기업을 원하든, 어떤 업종을 원하든 다 만들어낸다. 생명공학 주식이 인기를 끌면 바이오 기업들의 신규상장(IPO)이 줄을 잇고, 에너지 주식의 수요가 높아지면 태양광과 풍력 개발 업체들의 기업공개가 붐을 이룬다. 그러나 수요가 아무리 많아도 공급이 넘쳐나면 가격은 떨어질 수밖에 없다. 어느 순간 폭락할 수도 있다. 주식시장에서는 늘 극단적인 일이 벌어진다.

❧

아무리 좋은 것도 너무 과도해서는 안 된다.
There can be too much of even a good thing.

선무당이 사람 잡는다

Don't try to buy at the bottom and sell at the top.
This cannot be done except by liars.

바닥에서 사서 천청에서 팔려 하지 말라. 거짓말쟁이가 아니고서는
그렇게 할 수 없다.

월스트리트의 현자로 불렸던 버나드 바루크가 남긴 말이다. 많은 투자자들이 매매 타이밍을 재려고 하지만 그러다 보면 자칫 시장의 변동성에 부화뇌동하기 쉽다. 주식시장은 아무도 정확히 예측할 수 없기 때문이다. 시장은 늘 변화무쌍하게 움직일 뿐만 아니라 갑작스러운 돌발변수가 나오면 과잉반응을 하기 일쑤다. 아무리 뛰어난 기술적 분석도 시장의 바닥과 천정을 집어낼 수 없다. 설사 한두 번 맞추었다 해도 그것은 우연이고 요행일 뿐 다음에 또 그렇게 할 수 있다는 보장은 없다. 누가 바닥과 천정을 정확히 맞췄다고 자랑한다면 다시는 상대하지 말라.

자기 입으로 자기 자랑을 늘어 놓는 건 악취를 풍기는 것이다.
A man's praise in his mouth stinks.

틀리면 시장이 알려준다

The market will tell the investor when he is wrong, because he is losing money.

실수를 저지르면 시장이 알려준다. 틀림없이 손실을 보고 있을
것이기 때문이다.

누구나 때로는 틀린다. 인간이기에 어쩔 수 없는 일이다. 중요
한 것은 틀리지 않는 게 아니라 틀렸을 때 그 사실을 받아들
이는 것이다. 시장이 틀렸다는 사실을 알려주는데도 그것을
인정하지 않으면 더 큰 잘못으로 이어질 수 있다. 틀렸을 때는
반드시 손실이 난다. 이럴 때일수록 자신의 거래 기록을 찬찬
히 살펴봐야 한다. 자기가 저지른 실수의 원인이 무엇인지 궁
리해보고, 이런 실수를 반복하지 않으려면 어떻게 해야 하는
지 따져봐야 한다. 그리고 다음 번 큰 기회를 기다리면 된다.
기회는 반드시 또 온다.

❧

오늘은 손실을 봤지만 내일은 수익을 거둘 수 있다.
He who loses today may win tomorrow.

작은 데 연연하면

**In nine cases out of 10 it is best to buy or to sell
"at the market."**

매매 주문을 "시장가"로 내면 십중팔구는 맞다.

조금이라도 더 싸게 사려다가 혹은 한 푼이라도 더 비싸게 팔
려다가 오히려 좋은 기회를 놓치는 경우가 종종 있다. 그냥 시
장가로 주문을 냈으면 체결됐을 텐데, 뒤늦게 후회해봐야 아
무 소용도 없다. 이렇게 매매 기회를 한번 놓치면 그 후유증
으로 다음 주문까지 잘못되는 수가 많다. 거래가 활발히 이뤄
지는 우량주의 경우 매매 호가와 시장가의 차이가 크지 않다.
호가 차이에 집착하기 보다는 적절한 타이밍에 주문이 체결
되도록 하는 게 금전적으로나 심리적으로 훨씬 더 유리하다.

❧

작은 데 연연하다가 큰돈을 잃는 법이다.

Fortunes have been lost in holding out for a round price or a set
profit.

익을수록 숙인다

The best traders are the most humble.
최고의 트레이더는 누구보다 겸손하다.

벼는 익을수록 고개를 숙인다고 했다. 투자의 세계에서도 그렇다. 시장에서 오래 단련된 고수일수록 더 많이 묻고 더 많이 들으려고 한다. 반면 자신의 실적을 내세우며 자기 자랑에 열을 올리는 사람은 그저 소리만 요란한 빈 수레일 가능성이 높다. 오만한 자세로는 결코 투자에 성공할 수 없다. 자만하면 리스크 관리를 등한시하게 되고, 한 순간 방심으로 치명적인 상처를 입을 수 있다. 노련한 투자자일수록 시장을 두려워하고 조심스럽게 접근한다. 그래야 정확성을 높일 수 있고 실수를 저지르더라도 손실을 최소화할 수 있다.

❧

절대 자만에 빠져서는 안 된다.
Don't be arrogant.

기회는 공평하다

Those who lament their misfortunes are generally they who do not recognize their opportunities.

자신의 불운을 탓하는 사람들은 대개 자기에게 주어진 기회조차
알아채지 못한 이들이다.

나름대로 여기저기 알아보고 매수했는데 곧바로 주가가 하락하기 시작한다. 견디다 못해 손절매 했더니 다음날 기가 막히게도 상승세로 돌아선다. 이런 일을 당하면 대개 자신의 불운 탓으로 돌린다. 왜 이리도 나는 운이 없지! 하지만 곰곰이 잘 따져보라. 앞서 최고의 주식을 매수해놓고서도 작은 이익을 손에 쥐려고 서둘러 팔아 치운 적은 없었는지? 기회는 누구에게나 공평하게 돌아간다. 틀림없이 당신에게도 여러 번의 기회가 주어졌을 것이다. 랄프 왈도 에머슨은 이렇게 말했다.

훌륭한 인물은 기회가 적다고 불평하지 않는다.
No great man ever complaint of want of opportunity

0820
새로운 발명품

Don't finance new inventions unless you are wealthy.

거부가 아니라면 새로운 발명품에 투자하지 말라.

18세기 영국의 대운하 투기 열풍과 19세기 미국의 철도 투기 붐에는 공통점이 하나 있다. 운 좋은 초기 투자자들은 단기적이나마 이익을 거뒀지만 뒤늦게 뛰어든 대부분의 투자자들은 큰 손실을 입었다는 것이다. 이런 현상은 20세기에도 이어져 1920년대의 라디오와 1950년대의 제트 엔진, 1990년대 말의 인터넷 붐이 불었을 때도 그대로 재연됐다. 첨단 신기술 분야의 투자 잠재력은 놀라운 게 사실이지만 얼마 지나지 않아 치열한 전쟁터로 변해버린다. 혁명적인 발명에 이어지는 이 같은 기술 투자 법칙은 앞으로도 계속될 것이다.

❧

데어봐야 불이 무서운 줄 아는 법이다.
A burnt child dreads the fire.

밝은 면도 있다
0821

In bleak periods falling stock prices are not part of the problem. They are part of the solution.

시장이 얼어붙었을 때 주가 하락은 문제가 아니라 해답의 일부다.

약세장이 되면 비관적 분석가들이 득세한다. 경기 침체의 도래를 전망하고, 금융 공황의 가능성을 점치기도 하며, 정치적 불확실성과 전쟁 불안감을 끄집어낸다. 두려움이 극에 달하면 시장은 꽁꽁 얼어붙고 주가는 바닥권에서 벗어나지 못한다. 투자자들은 보유 주식을 팔지 못해 안달한다. 하지만 그럴 때일수록 역발상의 시각으로 바라볼 필요가 있다. 지금까지 시장을 짓눌러왔던 악재들을 나열해보고 더 이상 나올 악재가 있는지 생각해보라. 경기가 급격히 호전될 가능성은 없는지 따져보라. 암담한 상황일수록 밝은 측면을 숨기고 있다.

더 이상 악화되지 않는다면 그리 나쁘지 않은 것이다.
Nothing so bad but might have been worse.

낭비

A lordly taste makes a beggar's purse; a champagne
appetite but a purse for beer.

호사를 즐기다간 거지꼴 된다. 샴페인만 찾으면 맥주 살 돈도 안 남는다.

주식 투자로 큰돈을 벌었다고 갑자기 지출을 늘리는 것이야
말로 제일 어리석은 행동이다. 시장은 일정한 월급을 주는 곳
이 아니다. 몇 달씩 한 푼도 안 주는가 하면 때로는 비싼 수업
료를 가져가기도 한다. 사치와 허영의 끝은 텅 빈 지갑뿐이다.
낭비벽을 당해낼 수 있는 사람은 없다. 노련한 투자자는 냉정
할 뿐만 아니라 검소하다. 벤저민 그레이엄은 워런 버핏이 그
의 회사에 입사했을 때 이렇게 당부했다. "돈을 번다고 해서
자네나 나나 달라질 것은 없다는 점을 명심하게." 성공한 투자
자일수록 쉽게 변하지 않는다.

티끌 모아 태산이다.
Many a little makes a mickle.

빠져 나와야 할 때

**When there is much excitement and high prices,
the market should be sold for a good turn.**

시장이 흥분해 있고 주가는 높다면 기분 좋게 빠져 나와야 할 때다.

절대로 실패하지 않는 투자 격언이 하나 있다. 쌀 때 사서 비쌀 때 팔라는 것이다. 이렇게 하면 당연히 손해 볼 일 없이 수익만 거둘 것이다. 그런데 그게 잘 안 되는 이유는 분위기에 휩쓸리기 때문이다. 주가가 쌀 때는 시장 전반에 드리워져 있는 공포에 휩싸여 섣불리 매수하지 못한다. 주가가 비쌀 때는 상승세가 계속 이어질 것 같아 매도하지 못한다. 충분한 수익을 거뒀다가도 매도 타이밍을 놓쳐 오히려 손실을 보기도 한다. 주식시장은 가장 좋아 보일 때가 제일 위험하다. 끝까지 방심하면 안 된다.

❧

최후에 웃는 자가 진짜 웃는 자다.
He laughs best who laughs last.

인덱스펀드

The market itself is the best advisor.

시장 그 자체가 최고의 안내자다.

1970년대 초 처음 등장한 인덱스펀드는 금융시장에 가히 혁명적인 변화를 불러왔다. 이들이 내세운 건 낮은 수수료와 함께 시장 전체를 산다는 것이었다. 시장 그 자체가 바로 금융 분야에서 가장 똑똑하고 정보에 밝은 사람들이 내린 판단의 총합을 따른 것이기 때문이다. 사실 아무리 평판 좋은 액티브형 펀드라 해도 양호한 수익률을 계속해서 내기는 어렵다. 하지만 인덱스펀드는 시장 평균 수준의 수익률을 꾸준히 올리면서도 수수료는 액티브 펀드보다 훨씬 싸다.

시장을 산다는 것은 투자의 세계에서 가장 탁월한 선지자와 조우하는 것이다.

When you buy the market, you are tapping into the most
powerful intelligence of finance.

공평한 시장

If opportunity is knocking, one can be sure that plenty
of individuals are listening.

좋은 기회는 나 혼자에게만 주어지는 게 아니다.

주식시장에는 많은 정보와 지식은 물론 미래를 내다보는 안
목과 통찰력을 지니고 진지하면서도 사려 깊은 자세로 노력하
는 투자자들이 있다. 어느 날 갑자기 멋진 기회가 자기 앞에
나타났다고 해서 혼자만 그것을 봤으리라고 생각한다면 큰 오
산이다. 시장은 누구에게나 공평하다. 언제 어떤 주식을 사고
팔아야 하는지 아무에게도 가르쳐주지 않는다. 스스로 공부
해서 알아내야 한다. 당신 앞에는 지금 매우 똑똑하고 자금력
도 풍부한 상대가 적어도 수천 명은 있을 것이다.

❧

먼저 자신의 한계를 이해해야 한다.
Understand your limitations.

유일한 정답은 없다

Don't try to be both an investor and a day trader.

투자자가 되든지 데이 트레이더가 되든지.

모름지기 주식 투자는 장기적으로 해야 한다고 하지만 성격상 이런 스타일이 맞지 않을 수 있다. 또 선물옵션이나 상품 시장에서는 대부분의 투자자가 하루 혹은 몇 시간 단위의 거래를 기본으로 한다. 중요한 건 투자 수익을 올리는 것이지 전통적인 상식의 틀에 맞추는 게 아니다. 자신의 성격이 어떤 스타일에 적합한지 확실히 파악했다면 그에 맞는 시장과 거래 방법을 찾아내는 게 필요하다. 투자 기회는 무궁무진하고 모든 이에게 딱 맞는 그런 투자 방식은 없다. 각자가 자기 성격에 적합한 전략과 전술을 개발해야 한다.

시장에서 거래하는 데 유일한 정답 같은 것은 없다.
There is no single right way to trade the markets.

과거를 아는 것

In no field is a grasp of the past as fundamental
to success as in finance.

투자의 세계만큼 과거를 아는 것이 성공의 기본인 분야도 없다.

역사를 공부한 사람이라면 알 것이다. 이 세상에 진짜로 새로운 것은 없고, 세상이 변하면 변할수록 더 똑같은 모습으로 남는다는 사실을 말이다. 투자의 역사를 돌아보면 대중들은 주기적으로 심리적인 풍요감에 빠져들었고, 미친 듯이 휩쓸려 다니다 거품을 만들었다가는 갑자기 끝없는 침체의 심연에서 허우적거리곤 했다. 시대와 상황은 달랐지만 결국은 유사한 시스템에 의해 거의 흡사한 사건들이 반복적으로 벌어졌다. 투자는 자연과학이 아니라 사회과학이다.

❧

투자의 역사를 모르는 투자자는 돌이킬 수 없는 상처를 입을 수 있다.

The investor who is unaware of financial history is irretrievably
handicapped.

# 군중

Think against the herd, as they must lose in time.

군중과 반대 방향으로 생각하라. 군중이란 언젠가는 잃게 돼 있다

대다수 군중의 움직임에 역행해서 행동하기란 참으로 어려운 일이다. 모두가 주식을 팔 때, 모든 상황이 최악으로 보일 때 주식을 사야 한다고 말하지만 막상 행동에 옮기려면 쉽지 않다. 남들이 다 팔 때는 불안해서 사지 못하고, 남들이 다 살 때는 덩달아 희망에 취해버린다. 그러나 군중심리에 휩쓸렸다가는 손실을 보기 십상이다. 기껏해야 시장 평균에도 못 미치는 수익률을 올리는 데 만족해야 한다. 군중심리에 역행해야 높은 수익률을 가져다 준다.

절대 군중을 따르지 말라.
Never follow the crowd.

천리안

You can't be dead sure of anything in a stock market.

주식시장에서는 어떤 것도 100% 확신할 수 없다.

주식시장에서 100% 안전한 거래란 있을 수 없다. 주식에 투자한다는 것은 기본적으로 투기적인 시장에 뛰어드는 것이다. 리스크를 부담하는 것은 당연한 일이다. 주가의 변동성은 태생적인 것이고, 주식시장을 둘러싼 상황은 항상 불확실하다. 언제 어떤 돌발사태가 벌어질지 모른다. 전혀 예상치 못했던 위험이 갑자기 현실화할 수 있는 것이다. 성공하는 투자자라고 해서 천리안을 갖고 있는 것은 아니다. 늘 새로운 질문을 떠올리고 새로운 해답을 구했기에 성공한 것이다.

누구도 항상 정확할 수는 없다.
No one is always right.

제비 한 마리가 날아왔다고

One swallow does not make a summer.
제비 한 마리가 날아왔다고 계절이 바뀌는 것은 아니다.

시장의 큰 흐름이 바뀌는 데는 시간이 필요하다. 많은 투자자들이 강세장에서 훌륭한 수익을 거두고 빠져 나왔다가도 조급하게 시장에 재진입하는 바람에 손실을 입는다. 정확히 판단하고서도 너무 서두르면 치명상을 입을 수 있다. 강세장이 눈앞에 보인다고 무조건 매수한다거나 약세장이 시작된 것 같다고 허겁지겁 매도하는 것은 경계해야 한다. 과유불급(過猶不及)이다. 너무 성급한 매매는 차라리 가만히 지켜보는 것만 못하다.

❧

랠리가 한번 있었다고 강세장이 열리는 것은 아니다.
One rally does not make a bull market.

무기는 달라져도

Weapons change, but strategy remains strategy, on the
Wall Street as on the battlefield.

무기는 달라져도 전략은 그대로 이어진다. 월스트리트나 전쟁터나
마찬가지다.

성공하는 주식 투자의 원칙은, 사람들이 과거에 저질렀던 실수를 앞으로도 반복할 것이라는 전제를 깔고 있다. 시장이 존재하는 한 투자자들은 계속 똑같은 실수를 저지를 것이다. 인간의 본성이란 인류 역사가 시작된 이래 한결같았기 때문이다. 사람들은 자기가 기꺼이 믿고 싶어하는 것을 쉽게 믿는다. 두려움과 희망이라는 인간적 약점은 언제나 그대로다. 그래서 투자의 역사와 투자 심리를 연구해야 하는 것이다.

세상에 새로운 것은 없다. 단지 읽지 못한 역사가 있을 뿐이다.
There is nothing new, only the history you haven't read.

강세장의 성장 과정

Bull markets are born on pessimism, grow on skepticism, mature on optimism, and die on euphoria.

강세장은 비관적 분위기에서 태어나 의심과 함께 성장하고
낙관 속에서 무르익은 뒤 풍요에 취했을 때 끝난다.

투자자들의 심리는 주식시장의 흐름을 제때 따라잡지 못하고 늘 한 발 늦기 쉬운데, 그 이유는 바로 강세장이든 약세장이든 그 시작과 끝을 누구도 쉽게 예측할 수 없기 때문이다. 시장의 침체가 너무나 깊어 다들 떠나갈 때 비로소 강세장은 시작되고, 투기 열풍에 휩싸여 너도나도 흥청거릴 때 약세장이 고개를 들이민다. 시장이 가장 좋아 보일 때가 제일 위험하고, 가장 나빠 보일 때가 제일 좋은 기회라는 점을 명심해야 한다. 이 말은 존 템플턴 경이 남긴 것인데, 월스트리트의 현자(賢者)다운 경륜이 느껴지는 격언이다.

❧

오랜 경험에서 우러나온 말은 틀리는 법이 없다.
An old man's sayings are seldom untrue.

약점이 강점이 될 때까지

Concentrate on your strengths, not your weaknesses.

당신의 약점이 아니라 강점에 집중하라.

성공 투자의 열쇠는 최고의 종목과 최적의 타이밍을 잡는 것보다 오히려 자신의 강점은 최대한 활용하고 자신의 약점은 최소화하는 방법을 아는 데 있다. 대부분의 투자자들이 실패하는 이유는 너무 많은 실수를 저지르기 때문이다. 실수는 잘못된 투자 자세에서 비롯된다. 올바른 투자 원칙과 투자 방식을 익히면 수익은 저절로 따라온다. 물론 이렇게 하려면 상당한 시간과 노력이 필요하다. 하지만 미국 노트르담 대학 풋볼팀의 전설적인 감독 크누트 로큰의 말도 있지 않은가.

❧

네 약점이 강점이 될 때까지 계속 단련하라.
Build up your weaknesses until they become your strong points.

싸구려 주식

Good stocks always come back, but unknown stocks may disappear.

우량주는 떨어졌다가도 늘 회복하지만, 이름없는 주식은 그냥
사라져버린다.

장기적으로 보면 최고의 우량주도 주가가 바닥으로 추락할 때
가 있다. 이때야말로 엄청난 기회다. 아무리 뛰어난 우량주도
정점에 다다랐을 때 매수한다면 수익을 올리기 어렵다. 그렇다
고 저가주 사냥에 나서 무조건 "싼 주식"을 매수하는 것은 금
물이다. 우량주는 언젠가 다시 회복할 수 있지만 기업 내용이
부실한 싸구려 주식은 영원히 사라져버릴 수 있기 때문이다.

무조건 "싼 주식"이 좋은 게 아니다. 기업 내용이 뛰어난 주식이라야 훌륭한
투자 대상이다.
A "bargain" is not necessarily a good investment, it must also
demonstrate quality.

0904
위기란

The crisis is one that will creep up from behind and mug you.

위기란 당신 등 뒤에서 기어올라와 목을 조르는 법이다.

충분히 예상할 수 있는 위기는 진짜 위기가 아니다. 위기는 늘 예기치 않은 순간, 그것도 아주 충격적으로 닥쳐온다. 2008년 금융위기 때처럼 멀쩡해 보였던 세계적인 금융회사가 어느 날 파산을 선언하는가 하면 구제금융을 둘러싼 정부와 의회의 불협화음이 전혀 예상하지 못했던 결과를 초래한다. 주식시장은 순식간에 폭락세로 돌아서고 경기는 갑자기 얼어붙는다. 신문과 방송에서는 뒤늦게 원인과 전망을 쏟아내지만 과연 누가 이런 일을 미리 예상할 수 있었겠는가? 그래서 두려워하는 것이다.

☙

옛말에 이르기를 돌발사건은 약세론자의 편이라고 했다.
It is an old maxim that accidents usually help the bears.

Never invest for a specific financial need.

돈 쓸 데를 정해놓고 투자해서는 안 된다.

주식시장은 절대 고분고분하지도 않고 너그럽지도 않다. 가족들과 함께 떠날 휴가비를 마련하기 위해, 혹은 대학에 입학한 자녀의 학자금을 벌기 위해 주식에 손을 댔다가는 백이면 백 전부 실패한다. 이렇게 돈 쓸 시기와 목적을 먼저 정해 놓으면 다급하게 돈 벌 욕심만 앞세우게 돼 정작 중요한 투자 타이밍은 놓쳐버린다. 주식시장에서 급히 돈을 벌겠다는 바람이야말로 실패하는 가장 큰 이유다. 시장으로 하여금 무조건 따라오라고 재촉해봐야 아무 소용 없다.

여유 있게 행동해야 결과가 좋다.
Done leisurely, done well.

확실한 미래란 없다

Uncertainty is the friend of the buyer of long-term values.

불확실성은 멀리 내다보는 가치 투자자의 우군이다.

누구도 주식시장의 앞날을 정확히 예측할 수 없다. 이 같은 불확실성 때문에 매일매일 시장에서 매겨지는 주식의 가격이 달라지는 것이다. 하지만 주가가 아무리 요동을 쳐도 기업의 가치는 쉽게 변하지 않는다. 겉으로 드러난 가격보다 숨어있는 가치가 더 중요한 것은 이 때문이다. 불확실성의 구름이 너무 짙어 주가를 가늠하기 어려울수록 기업의 진정한 가치는 빛을 발한다. 가격이 아니라 가치를 보고 장기적으로 투자하는 가치 투자자에게 불확실성은 오히려 기회다.

미래는 결코 투명하게 내다보이지 않는다.
The future is never clear.

용서

Don't hate yourself for making a mistake.
실수한 자신을 용서하라.

투자자는 오로지 투자에만 정신을 집중해야 한다. 실수를 저질렀다고 해서 자신을 질책하거나 뒤로 물러설 필요는 없다. 실수를 하고 손실을 볼 때마다 한 뼘씩 성장한다. 그렇게 해서 아주 값진 가르침을 배워나가는 것이다. 손실을 봤다고 모든 것을 다 잃은 것은 아니지 않은가? 실수만큼 소중한 재산도 없다. 반드시 또 한번의 기회가 찾아온다. 똑같은 실수를 되풀이하지 않으면 그것으로 충분하다.

당신이 무엇을 잘못했는지 배울 때 비로소 당신은 더 나아지는 것이다.
You get better only when you learn what you've done wrong.

가치와 시간

Value is saying what the market will be.
가치를 알면 시장의 흐름을 내다볼 수 있다.

시장에 결정적인 영향을 미치는 기관투자가는 지금 당장 주가가 오를 것인지 여부를 먼저 판단하지 않는다. 이들은 매수하고자 하는 기업의 내재가치가 다른 투자자들을 끌어들일 수 있는지를 생각한다. 다른 투자자들이 따라온다면 주가는 자연히 오를 것이기 때문이다. 이렇게만 할 수 있다면 결코 투자는 어렵지 않다. 시장의 흐름을 알고 있으니 기다릴 수 있는 것이다. 그런 점에서 워런 버핏의 경고는 꼭 새겨들어야 한다.

❧

시간은 최고의 기업에게는 달콤하지만 그저 그런 기업에게는 쓰디쓰다.
Time is the friend of the wonderful company, the enemy of the mediocre.

바람이 좋을 때

Opportunities do not come everyday.

기회는 매일같이 찾아오지 않는다.

돈을 잃는 것보다 기회를 놓치는 게 더 무섭다. 사실 주식 투자로 손실을 보았다 해도 시장은 늘 뭔가를 가르쳐준다. 비록 돈은 날렸지만 경험을 얻었고, 그런 점에서 수업료를 치른 셈이라고 여기면 된다. 하지만 결정적인 기회가 왔을 때 용기를 내지 못해 머뭇거리다가 기회를 놓쳐버린다면 그건 말이 안 된다. 손실은 얼마든지 만회할 수 있다. 하지만 기회는 자주 오는 게 아니다. 일생일대의 기회가 눈앞에 왔을 때 과감하게 손을 뻗는 게 중요하다.

❧

바람이 좋을 때 닻을 올려야 한다.
Hoist your sail when the wind is fair.

주식 투자는 어렵다

Making money in the market demands a lot of genius or flair.

주식시장에서 돈을 벌려면 천부적인 재능이나 육감이 있어야 한다.

월스트리트의 마법사(The wizard of Wall Street)로 불렸던 제럴드 로브가 쓴 베스트셀러 《목숨을 걸고 투자하라》를 펼치면 첫 문장부터 호락호락하지 않다. "월스트리트에서 꾸준히 양호한 수익률을 올리는 것보다 더 어려운 일은 없다." 그야말로 주식시장에서 산전수전 다 겪은 노회한 베테랑이기에 털어놓을 수 있는 솔직한 고백이다. 주식시장에서 돈을 벌기란 그만큼 힘든 것이다. 무엇보다 지식이 필요하다. 하지만 그것만으로는 부족하다. 계속해서 공부해야 하고, 천부적인 재능과 육감이 있어야 하며, 여기에 실전 경험까지 쌓아야 한다.

☙

지식과 경험, 육감이 모두 필요한 것이다.
It requires knowledge, experience and flair.

Don't follow the rules.
투자 원칙에 너무 얽매이지 말라.

절대로 실패하지 않는 투자 전략은 없다. 영원히 변하지 않는 투자 원칙도 없다. 투자 전략이나 투자 원칙이란 가이드라인에 불과하다. 실전 경험을 통해 터득한 투자 철학을 지켜나가는 것은 좋지만 그렇다고 그것을 불변의 진리인양 모든 상황에 적용해서는 안 된다. 경제 상황이 바뀌면 투자 환경도 달라진다. 주식시장이란 끊임없이 새로운 도전을 만들어내는 곳이다. 여기에 적응하려면 늘 새로운 사고방식과 새로운 영감을 갖도록 노력해야 한다. 무슨 일이든 유연하게 대응하면 한결 쉬워진다.

❧

변화야말로 살아가는 맛일 수 있다.
Varity is the spice of life.

큰돈을 벌려면

It is the big swing that makes the big money for you.
당신에게 큰돈을 벌어주는 것은 시장의 큰 흐름이다.

일단 주식시장 전반의 상황을 충분히 파악한 뒤 신중하게 투자 포트폴리오를 짰다면 조바심내지 말고 꿋꿋하게 포지션을 지켜나가야 한다. 확실한 종목을 매수했다면 인내심을 갖고 기다려야 한다. 수익이 약간 났다거나 주가가 조금 떨어졌다고 해서 괜히 초조해져서 팔아버린다면 틀림없이 나중에 후회할 것이다. 시장의 큰 흐름을 타지 않으면 큰돈을 벌 수 없기 때문이다. 시장의 큰 흐름을 타려면 자신의 판단을 신뢰해야 한다.

월스트리트에서는 자신의 판단에 대한 믿음이 없으면 누구도 끝까지
밀고 나갈 수 없다.
Without faith in his own judgment no man can go very far in
Wall Street.

이성을 따르지 않으면

Look at investments completely coldly, allowing no sentiment to play any part.

어떤 식으로든 감정을 개입시키지 말고 냉정하게 자신이 투자한 주식을 바라보라.

주식 투자만큼 어려운 것도 없다. 시장과 기업을 제아무리 열심히 분석하고 연구해도 수익이 보장되지 않는다. 타이밍도 맞아야 하고 운도 따라줘야 한다. 여기에 기회가 왔을 때 즉각 달려들 수 있는 동물적인 감각도 갖고 있어야 한다. 그러나 냉정함이 없다면 모든 게 허사로 돌아갈 수 있다. 감정에 이끌려서도 안 되고 편견에 사로잡혀서도 안 된다. 오로지 사실과 원칙에 입각해 합리적으로 판단해야 한다.

❧

이성을 따르지 않으면 이성의 타이름을 듣게 될 것이다.
If you do not hear reason, she will rap your knuckles.

작은 손실이 낫다

Better lose the wool than the sheep.
양모를 잃어버리는 게 양을 통째로 잃는 것보다 낫다.

이와 비슷한 격언은 많은데, "안장을 잃어버리는 게 말을 잃어 버리는 것보다 낫다(Better lose the saddle than the horse)"는 것도 같은 의미다. 주식시장에서 이런 격언을 자주 입에 올리는 이유는 손절매가 그만큼 중요하기 때문이다. 투자자가 가장 먼저 배워야 할 것이 바로 재빨리 손절매하는 법이다. 투자하기 전에 미리 손실 한도를 정해두고 그 선을 넘어서면 무조건 손절매하는 자세가 필요하다. 손절매 원칙을 지키는 한 절대로 치명적인 손실을 입지는 않을 것이다.

❧

작은 손실이 때로는 엄청난 이득이 될 수 있다.
Small losses often prove great gains.

현명한 사람만이

Any man can earn a dollar, but it takes a wise man to keep it.

누구나 돈을 벌 수 있지만 현명한 사람만이 그 돈을 지킨다.

19세기 후반 월스트리트 최고의 주식 투기꾼으로 알려졌던 러셀 세이지가 평생 자신의 좌우명으로 삼은 말이다. 과감한 시세조종에다 막대한 현금을 무기로 고리대금업까지 일삼은 세이지는 절대로 자기 능력을 벗어나는 무리한 거래를 하지 않았고, 덕분에 90세로 죽으면서 무려 1억 달러의 유산을 남길 수 있었다. 그는 탐욕스럽기는 했으나 어리석지는 않았고, 생전에는 잔인할 정도로 인색했으나 죽은 뒤 그의 아내는 전재산을 자선단체에 기부했다. 그가 숱한 공황을 무사히 견뎌낸 것은 아버지가 물려준 이 격언을 잊지 않았기 때문이다.

☙

이미 갖고 있는 것을 지켜라.
Keep what you already have.

튼튼한 내실이 중요하다

The tree is known by its fruit.
나무는 그 열매를 보면 안다.

우리 속담에도 사람은 말보다 행동을 보고 판단하라고 했다. 우량 기업은 잘 들여다 보면 뭐가 달라도 다르다. 부실 기업 역시 그렇다. 아무리 그럴듯한 미사여구를 동원해 앞으로의 장밋빛 청사진을 늘어놓은들 실제로 드러난 순이익이 좋지 않으면 아무 소용도 없다. 주가는 실적을 반영하는 것이지, 번쩍이는 사옥에서 열리는 기업 설명회나 연일 매스컴을 오르내리는 최고경영자의 유명세를 따라가는 게 아니다. 어느 분야든 마찬가지지만 주식시장에서도 화려한 외양보다는 튼튼한 내실이 중요하다.

껍질을 보면 그 속에 든 알맹이를 알 수 있다.
By the husk you may guess at the nut.

상식

Good investing is really just common sense.
상식만 있다면 누구나 훌륭한 투자 성과를 얻을 수 있다.

당연한 말이다. 그런데 막상 주위를 살펴보면 이렇게 상식적인 사고를 가진 투자자를 찾기가 힘들다. 많은 사람들이 똑같은 사실과 똑같은 과정을 지켜보면서도 앞으로 무슨 일이 벌어질지 전혀 내다보지 못한다. 상식이 없는 것이다. 시장이 너무 과도하게 올라가면 급격한 후퇴를 대비해야 한다. 시장이 패닉에 빠져들었다고 해서 덩달아 보유주식을 투매해서는 안 된다. 이게 상식인데도 대다수 투자자들이 그렇게 하지 않는다. 극히 일부만이 군중 심리를 떨쳐버릴 수 있는 능력을 갖고 있다. 그래서 볼테르는 이런 말을 남겼다.

❧

상식을 따른다는 것은 그리 상식적이지 않다.
Common sense is not so common.

제때의 한 바늘

Never forget that all market profits are "paper" until collected.

시세 상승에 따른 수익은 실현하기 전까지는 모두 "장부상의 이익"일 뿐이다.

자신이 보유한 주식이 얼마나 올랐든 주가 상승에 따른 수익이 얼마가 됐든 현금을 손에 쥐기 전까지는 아직 내 것이 아니다. 장부상의 이익일 뿐이다. 실현되지 않은 시세 차익은 언제든 사라질 수 있다. 조금만 관리를 소홀히 하면 손실로 돌변한다. 그렇다고 해서 주가가 조금만 오르면 무조건 매도하라는 말이 아니다. 지금 수익이 나고 있다고 해서 마음을 놓지 말라는 것이다. 다 끝나기 전까지 방심해서는 안 된다. 주식 투자자에게 방심은 금물이다. 수익을 실현하는 마지막 순간까지 긴장의 끈을 늦춰서는 안 된다.

❧

제때의 한 바늘이 열 바늘을 던다.
A stitch in time saves nine.

창업보다 수성

The toughest thing in the world is holding on to profits.

수익을 지켜내는 것은 무척 어려운 일이다.

창업보다 수성(守城)이 더 어렵다는 옛말도 있듯이 애써 거둔 수익을 지켜내기란 여간 어려운 일이 아니다. 특히 운이 따라 줘서 아주 쉽게 수익을 낸 다음에는 꼭 실수를 저지르는데, 쉽게 들어온 돈은 날개가 달렸다고 하는 건 그래서 나온 말이다. 하지만 힘들게 목표를 달성한 다음에도 엉뚱한 잘못을 저지르곤 한다. 왜 그럴까? 대개는 처음과는 다른 방식으로, 더욱 과감하고 위험한 방법으로 투자하려고 하기 때문이다. 그러다 그동안 거둔 수익은 물론 원금까지 날리게 되는 것이다.

❧

한번 수익을 올렸다고 해서 자만에 빠져서는 안 된다.
Don't get too complacent once you have made profits.

유연한 대응

Know when to hold and when to liquidate a losing position.

손실이 난 포지션을 언제 처분하고 언제 계속 보유해야 할지
알아야 한다.

맨 처음 손실이 최선의 손실이라는 격언도 있듯이 손절매만
잘하면 절대 실패하지 않는다. 하지만 과연 언제 손절매를 해
야 할 것인지는 많은 투자자들에게 영원한 숙제처럼 들린다.
손실을 감수하고 처분해야 할 때가 있는가 하면 꿋꿋이 자신
의 포지션을 지켜야 할 때가 있는 것이다. 리스크를 충분히 이
해하고 있는 투자자라면, 시장이 자기 예상과 반대로 흘러갈
때라도 자신의 분석이 확실하다는 전제 아래 최초의 포지션
을 고수할 수 있다. 손실이 나더라도 유연하게 대처할 줄 알
아야 하는 것이다.

기회의 창을 스스로 닫아버릴 필요는 없다.
Don't limit your field of opportunity.

후회 기피

Let profits run; limit all losses.
이익은 커가도록 놔두고 손실은 무조건 잘라내라.

인간이란 손실은 감수하기 싫어하고 자신의 실패는 끝까지 인정하지 않으려 한다. 이런 심리 때문에 우리가 자주 저지르는 비합리적인 투자 행동이 바로 수익이 난 종목을 팔아버리고 손실이 난 종목은 그대로 갖고 있는 것이다. 행동금융론에서는 이를 가리켜 '후회 기피(regret avoidance)'라고 하는데, 성공은 보물처럼 자랑하되 실패는 파묻어버리려고 하는, 참으로 인간적인 전략이다. 주식시장에서는 당연히 그 반대로 해야 한다. 수익이 난 주식은 그대로 놔두고 손실이 난 주식은 미련 없이 손절매 해야 하는 것이다.

손실은 반드시 잘못된 행동에서 나오는 법이다.
Losers are always in the wrong.

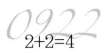

2+2=4

Serious investors do the math; amateurs listen to stories.

진지한 투자자들은 수학을 한다. 아마추어들은 이야기에 귀 기울인다.

가치 투자의 아버지로 불리는 벤저민 그레이엄은 투자와 투기를 이렇게 구분했다. "투자 행위란 철저한 분석에 기초해 투자 원금의 보전과 적절한 보상을 확실히 하는 것이다. 이런 조건에 미달하는 행위는 투기다." 여기서 말하는 철저한 분석의 기본은 수학이다. 그래서 투자의 성패는 수학에서 갈린다고 하는 것이다. 그것도 아주 쉬운, 그러니까 2더하기 2는 4가 된다는 정도의 간단한 수학인데도 많은 투자자들이 이를 무시하고 잊어버린다. 주식시장에서 싸구려 귀엣말은 어디에나 널려 있다. 이런 이야기를 듣고 투자했다가는 낭패보기 십상이다.

값싼 조언은 무시해버리라.
Ignore the cheap advice.

투자오락 주가이론

If investing is entertaining, if you're having fun, you're probably not making any money.

투자가 오락 같고 재미있다면 당신은 돈을 벌지 못하고 있을 것이다.

투자자가 경계해야 할 주식시장의 치명적인 유혹이 하나 있다. 투자를 하는 그 순간부터 짜릿한 흥분을 느낄 수 있다는 것이다. 만약 이런 스릴이 느껴진다면 투자를 자제하거나 당장 그만두는 게 낫다. 신경정신과 전문의로 《투자의 네 기둥 The Four Pillars of Investing》을 쓴 윌리엄 번스타인은 이런 현상을 가리켜 투자오락 주가이론이라고 이름 붙이고는 이렇게 덧붙였다. "당신이 투자에서 짜릿한 흥분을 맛보는 만큼 그 대가로 당신의 수익률은 떨어질 것이다." 주식 투자는 따분해야 하는 것이다.

❧

사람들은 단지 재미를 위해 엄청난 돈을 날려버린다.
Human routinely exchange large amounts of money for excitement.

행운의 여신

When wisdom fails, luck helps.
지식이 한계에 부딪치면 행운이 도와준다.

열심히 공부하고 분석하고 배운 대로 했는데도 자꾸만 손실이 난다. 돈을 잃는 것도 가슴 아픈 일이지만 내 능력의 한계를 보여주는 것 같아 더 실망스럽다. 이제 그만하라는 신호인가 싶어 투자를 접을 생각까지 한다. 그런데 진짜 아무리 해도 안 되는 것만 같았던 일이 어느 순간 갑자기 잘 풀려나간다. 행운의 여신이 강림했다고 밖에는 말할 수 없을 정도로 운이 따라준 것이다. 운이란 늘 그렇게 마지막 순간 찾아온다. 그러나 조심해야 한다.

☙

운이라는 게 있는 건 사실이지만 항상 행운이 따라주는 것은 아니다.
There is such a thing as luck, but it does not hold all the time.

0925
리스크

Investing is earning a return in exchange for shouldering risk.

투자란 리스크를 부담하는 대가로 수익을 얻는 것이다.

역사적으로 보면 주식 수익률이 채권 수익률보다 더 높은데, 그 이유는 주식이 채권보다 더 위험한 투자자산이기 때문이다. 투자의 세계에서는 수익률과 리스크의 관계가 아주 분명하다. 안전한 투자처일수록 낮은 수익률을 수반하고, 높은 수익률을 주는 곳은 그만큼 위험하다. 높은 수익률을 원한다면 이따금 상당한 손실을 입을 것도 각오해야 한다. 추가적인 리스크를 부담하지 않고서는 더 높은 수익률을 올릴 수 없는 것이다. 사실 모든 투자 이론은 여기서 출발한다. 투자를 해서 돈을 버는 것은 리스크를 부담하기 때문이다.

당신이 짊어진 리스크를 직시하라.
Get your risks straight.

립 밴 윙클

My favorite time frame for holding a stock is forever.
내가 가장 좋아하는 주식 보유 기간은 영원이다.

오마하의 현인으로 불리는 워런 버핏은 자신을 립 밴 윙클 같은 투자자라고 말한다. 립 밴 윙클은 워싱턴 어빙의 소설『스케치북』에 나오는 주인공으로 20년 동안이나 잠들어있다 깨어난다. 세상이 얼마나 달라져 있었겠는가? 버핏이 말하고자 하는 것도 이것이다. 성실하고 능력 있는 경영인이 훌륭하게 이끌어가고 있는 기업을 눈 여겨보다 이 기업의 주가가 내재가치보다 훨씬 싸게 거래될 때 매수한다. 그 다음에는 시장이 이 주식을 내재가치 이상으로 재평가할 때까지 기다리는 것이다. 영원히, 언제까지라도 말이다.

꽃

주식은 이처럼 간단하다.
Stocks are simple.

조금 아는 게 문제다

Intelligence alone is by no means the only requisite for success.

지식이 성공에 필요한 유일한 요소는 아니다.

주식 투자를 시작하면 제일 먼저 배우는 것이 바로 기업 실적과 경기가 궁극적으로 주가를 결정한다는 사실이다. 그런데 이걸 처음 알게 된 초보 투자자들은 어느 기업의 실적이 아주 좋게 나온다거나 경기 상황이 뚜렷이 개선됐다는 보도를 접하고는 서둘러 주식을 매수한다. 그런데 이때는 이미 그 같은 재료가 주가에 다 반영된 다음이라 상투를 잡기 십상이다. 알려면 확실히 알아야 한다. 충분한 정보와 지식은 물론이고 오랜 경험과 단련으로 무장하고 있어야 엉뚱한 실수를 저지르지 않는다.

᎒᎒

조금 아는 게 문제다.
A little learning is a dangerous thing.

준비가 필요하다

The successful investor does not expect quick results
although occasionally this occurs.

성공하는 투자자는 성급하게 결과를 바라지 않는다. 그런 일이 가끔
일어난다 해도 말이다.

무슨 장사를 하든 문을 열자마자 당장 큰돈이 쏟아져 들어올
거라고 기대하는 사람은 없을 것이다. 수요와 공급의 특성을
익히고 고객들과도 안면을 터가면서 자연스럽게 자리를 잡아
가야 한다. 돈은 그 다음에야 벌어들일 수 있는 것이다. 투자
의 세계도 똑같다. 성공하려면 적어도 몇 년의 준비와 공부가
필요하다. 대다수 투자자들이 놓친 저평가 종목을 골라내는
안목과 주가가 내재가치를 찾아갈 때까지 참고 기다릴 줄 아
는 인내를 기르는 게 우선이다.

❧

무슨 일이든 결과가 금방 나올 것이라고 기대해서는 안 된다.
Results cannot be expected to come quickly.

승부는 9회말 투아웃부터

0929

It ain't over till it's over.
끝날 때까지는 끝난 게 아니다.

미국 메이저리그 야구의 전설적인 포수 요기 베라가 남긴 유명한 말이다. 무슨 일이든 섣불리 포기하지 말고 끝까지 최선을 다하라는 얘긴데, 이 경구는 월스트리트에서도 자주 인용된다. 투자를 하다 보면 이 말을 떠올려야 할 때가 자주 있다. 시장은 내 생각처럼 움직여주지 않고 들려오는 것은 온통 악재뿐 좋은 소식은 없다. 이번에도 잘못한 건가? 그런 생각이 자꾸 들면 맨 처음 투자할 때 무슨 생각으로 시작했는지 되돌아보라. 어쩌면 지금 잠시 돌아가고 있을 뿐인지도 모른다. 야구는 9회말 투아웃부터라는 말도 있지 않은가.

뜻이 있는 곳에 길이 있다.
Where there is a will, there is a way.

나이에 맞게 투자하라

Don't look for spectacular results at retirement age.

은퇴한 다음에는 대단한 수익률을 바라지 말라.

고령화 시대로 접어들면서 은퇴 후 생존 기간이 꽤 길어졌다. 은퇴를 한 다음에도 계속해서 수입이 있어야 한다는 말이다. 그래서 평생 모은 돈을 투자하는 것인데, 이때 제일 중요한 것은 검증된 방법으로만 투자해야 한다는 점이다. 더 많은 돈을 벌기 위해 무조건 높은 수익률만 좇는 것은 금물이다. 높은 수익률에는 더 큰 위험이 따른다. 설사 재산을 크게 불린다 한들 젊었을 때만큼 큰 의미도 없을 나이가 되지 않았는가.

❧

나이에 맞게 투자하라.
Act your age when you are investing.

패닉과 토네이도

Wall Street is as much the natural field for panics as the prairie is for tornadoes.

토네이도가 대평원을 휩쓸고 지나가듯 패닉이 월스트리트를 엄습하는 것도 자연스런 일이다.

패닉은 주식시장의 불청객이 아니다. 정기적으로 찾아오는 손님이다. 짧게는 5~6년에 한 번씩, 길게는 10년 정도에 한 번씩 불쑥 들이닥쳐 시장을 쑥대밭으로 만들어 놓는다. 그러나 패닉은 아무 때나 찾아오지 않는다. 시장이 너무 오랫동안 흥청거리며 들떠 있을 때 급습하는 것이다. 그래서 패닉이 지나가고 나면 비로소 투자자들은 제정신을 차린다. 시장이 광기에 사로잡히지도 않고 거품도 만들어내지 않는다면 패닉 같은 극단적인 사태는 벌어지지 않을 것이다. 그리고 패닉 역시 금방 끝난다.

✦

극단적인 상황은 오래가지 못한다.
Extreme situations do not last.

함부로 덤비다간

"Fools rush in" and in Wall Street that is fatal.
바보처럼 덤벼들었다간 치명상을 입을 수 있다.

어느 분야든 제대로 준비도 하지 않고 뛰어들면 결과가 좋을 수 없다. 주식시장에서는 큰 손실로 이어질 수 있다. 그런데도 초보 투자자들은 단기간에 손쉽게 돈을 벌려고 한다. 훌륭한 성과를 거두려면 남들보다 더 노력해야 한다. 또한 자신이 완벽한 존재가 아니라는 사실을 분명히 깨달아야 한다. 주식시장은 도처에 함정이 도사리고 있는 매우 위험한 곳이다. 아무런 지식도 없이 주식 투자를 쉽게 생각하는 것이야말로 실패의 첫걸음이다.

주식시장에서 성공하는 것보다 더 어려운 일은 없다.
Nothing is more difficult than succeeding in Wall Street.

1003

뿌린 대로 거둔다

With low-priced stocks, you get what you pay for.

싸구려 주식에 투자하면 그만한 성과를 거둘 것이다.

보유하고 있는 주식의 양은 투자 수익과 아무 관계도 없다. 투자의 성패를 가늠하는 것은 "얼마나 많은 주식을 가지고 있느냐"가 아니라 "얼마나 뛰어난 종목에 투자했느냐"다. 싸구려 주식 중에 정말로 탁월한 종목은 없다. 왜 그 주식이 싸구려가 됐는지 잘 생각해보라. 거기에는 다 그만한 이유가 있을 것이다. 이것이야말로 저가주라도 무조건 많이만 보유하면 가슴 뿌듯해하는 아마추어 투자자들이 반드시 명심해야 할 대목이다.

☙

기업 내용이 훌륭한 소수의 종목에 집중하라.
Concentrate on a few, high-quality stocks.

1004

늘 변한다

No bull market is permanent, no bear market is permanent.

영원한 강세장도 없고 영원한 약세장도 없다.

주식시장은 늘 변한다. 우리네 세상살이랑 똑같다. 항상 좋을 수도 없고, 마냥 절망에 빠져있지도 않는다. 결코 식을 것 같지 않던 1990년대 말의 닷컴 붐도 지나고 보니 한순간 휘몰아쳤던 광기였을 뿐이다. 거품이 꺼진 뒤 도저히 다시 살아날 것 같지 않았는데 어느새 상승세로 돌아서 최고치를 경신하는 곳이 주식시장이다. 2008년에도 전세계 금융시장이 대폭락 사태를 겪었지만 시간이 흐르자 다시 힘차게 돌아가고 있다. 그래도 긴장해야 한다.

약세장이 끝난 것처럼 강세장도 영원히 이어질 수 없다.
Like bear markets, bull markets do not last forever.

가만히 지켜보는 것만으로도

Observation gives you the best tips of all.
관찰하는 것이야말로 그 무엇보다 훌륭한 정보다.

미국 메이저리그의 전설적인 강타자였던 요기 베라는 "가만히 지켜보는 것만으로도 많은 것을 알 수 있다"는 유명한 말을 남겼다. 주식 투자자 역시 시장에 귀 기울이고 시장을 잘 관찰하면 많은 정보를 얻을 수 있다. 주식 투자란 주식을 매매하는 것이다. 따라서 주가를 잘 관찰하는 것이야말로 투자자로서 마땅히 해야 할 가장 중요한 일이다. 유심히 들여다보면 시장이 평상시 움직임과 다를 때 어떻게 해야 이익을 얻을 수 있는지 알게 될 것이다. 주가의 흐름을 정확히 판단하려면 정보가 많아야 하고, 그러려면 시장을 열심히 관찰해야 한다.

☙

투자하기 전에 먼저 질문부터 하라.
Interrogate before you invest.

본업이 우선이다

Don't neglect your business to speculate.

투기에 빠져 본업을 등한시해서는 안 된다.

이런 사람들은 어느 시대 어디에나 있는 법이어서, 이 격언은 월스트리트가 생겨나기 전부터 있어왔다. 요즘도 주식 투자 열풍이 몰아치면 증권회사도 아닌 일반 기업체에서 컴퓨터나 스마트폰으로 시도 때도 없이 주식시세를 확인하고 매매도 하는 직장인들로 인해 회사가 어수선해진다. 심지어 간부직원 가운데도 이런 사람이 있다. 그러나 어느 위치에 있든 자신의 본분을 망각해서는 안 된다. 사업가가 됐든 말단 직원이 됐든 주식 투자에 빠져 자기 할 일은 뒷전으로 밀어놓은 채 주식 시세에만 촉각을 곤두세운다면 결코 잘 될 리 없다.

❧

어떤 사업이든 소홀히 하면 잃게 돼 있다.
Business neglected is business lost.

똑같은 주식은 없다

Stocks, like individuals, have character and personality.
우리 인간들처럼 주식에도 저마다의 개성과 독특한 성격이 있다.

주식시장을 가만히 들여다 보면 다들 비슷비슷한 종목들 같아도 그 움직임과 특징은 저마다 다르다. 시장 주도주도 마찬가지다. 감수성이 예민하고 신경질적이며 흥분을 잘하는 주식이 있는가 하면 솔직하면서도 직설적이고 논리적인 주식도 있다. 변동성이 심한 투기주가 있는가 하면 웬만해서는 잘 움직이지 않는 굼벵이 주식도 있다. 종목 선정을 잘 하기 위해서는 먼저 주식의 성격을 제대로 파악해야 한다. 겉모습만 그럴듯하다고 다 좋은 주식은 아니다. 속을 들여다보지 않으면 알 수 없다.

❧

번쩍거린다고 해서 다 황금은 아니다.
All is not gold that glitters.

유연한 자세

The stock market can do anything.
주식시장에서는 무슨 일이든 벌어질 수 있다.

경제가 아주 좋지 않다는 뉴스가 나왔는데도 주식시장은 상승한다. 대형 호재성 뉴스가 발표됐는데도 주가는 떨어진다. 그럴 수 있을까 싶지만, 그렇기 때문에 주식시장이다. 주식시장은 당장의 현상은 물론 먼 미래까지 반영한다는 점을 명심하라. 시장에서는 늘 전혀 예상하지 못했던 일이 벌어진다. 하지만 시장이 아무런 이유 없이 움직이는 경우는 없다. 지금 당장은 갑작스러운 급락 사태의 원인을 알 수 없지만 언젠가는 꼭 밝혀진다. 성공 투자를 위해서는 반드시 유연한 자세를 가져야 한다. 그래야 제대로 대처할 수 있다.

내일 일은 아무도 모른다.
Nobody can see into the future.

타이밍

Much depends upon beginning at exactly the right time.

얼마나 정확한 시점에 투자하느냐가 성패를 좌우한다.

매수 타이밍이 정확하면 절반은 성공한 셈이다. 일단 처음부터 수익이 나면 자신의 계획대로 꿋꿋이 밀고 나갈 수 있다. 하지만 말처럼 쉽지는 않다. 많은 투자자가 뻔히 알면서도 실수를 저지르는 가장 큰 이유는 정확한 타이밍이 올 때까지 우직하게 기다리지 못하기 때문이다. 시장의 방향을 올바르게 내다보고도 너무 성급하게 나서는 바람에, 심지어 제때 빠져나왔으면서도 서둘러 재매수하는 바람에 손실을 보기도 한다. 시장 흐름을 제대로 읽는 것도 중요하지만 결정적인 순간에 방아쇠를 당길 줄도 알아야 한다.

타이밍이 생명이다.
Timing is everything.

마진콜

Sell on the first margin call.
마진콜이 오면 곧장 팔아라.

개인 투자자에게 마진콜만큼 유용한 정보도 없다. 신용을 써서 주식을 샀는데 보유한 주식의 가치가 증거금에도 못 미친다면 그건 자신의 판단이 틀려도 한참 틀린 것이다. 잘못된 종목에, 혹은 엉뚱한 방향에 베팅한 것이다. 친절하게도 주식 시장이 이 사실을 알려준 것이다. 그렇다면 즉각 자신의 잘못을 인정해야 한다. 왜 귀중한 돈을 허튼 데다 갖다 버리려 하는가? 지금이라도 늦지 않았다. 일단 주식을 팔고 계좌를 정리하라. 그래야 다음을 기약할 수 있다.

❧

목숨이 붙어있을 때 타협하라.
Negotiate before slaughter.

투자 대상은 무궁무진하다

There is no one kind of investment that is always best.

항상 최선인 그런 투자 상품은 없다.

블루칩을 사야 할 때가 있고, 경기 민감주를 매수해야 할 때가 있으며, 국내 주식보다 해외 주식이 더 필요한 경우도 있다. 상품시장에 눈을 돌려 원자재에 투자해야 할 때가 있는가 하면, 채권을 사는 게 필요한 시기가 있다. 채권 가운데도 국채가 유리한 시기가 있고, 때로는 신용등급이 낮은 회사채가 고수익을 올려주기도 한다. 그런가 하면 아예 현금을 갖고 있는 게 제일 나을 수도 있다. 투자 대상은 무궁무진하다. 굳이 한 가지만 고집할 필요는 없다. 시야를 넓힐수록 더 훌륭한 투자 기회를 얻을 수 있다.

❦

유연해지라.

Be flexible.

이미 잃은 것

Learn to take a loss quickly.

재빨리 손절매하는 법을 배우라.

투자한 주식에서 손해가 났을 때 즉각 손실을 받아들이는 것이야말로 투자 자금을 지킬 수 있는 가장 확실한 장치다. 사실 손절매는 투자자들이 제일 하기 싫어하는 행동이다. 비록 지금은 주가가 떨어졌지만 곧 다시 오를 것 같기 때문이다. 그러나 그렇게 기다리다 더 큰 손실로 이어지는 것이다. 주가가 떨어진 종목을 매도하지 못하는 가장 큰 이유는 그 종목에 대한 편향된 시각 때문이다. 그러다 보면 시장의 방향까지 잘못 판단할 수 있다. 자신의 현재 위치를 객관적으로 바라보기 위해서라도 손절매가 필요하다.

☙

이미 잃은 것은 아쉬워해봐야 아무 소용 없다.
For a lost thing care nothing.

결과지 원인이 아니다

The movement of stocks is an effect and not a cause.
주가의 변동은 결과지 원인이 아니다.

주가가 경기를 선행한다고 해서 주가의 등락이 경기 변동을 야기한다는 것은 아니다. 주식시장은 경제를 반영하는 거울일 따름이다. 경기가 호전돼야 주가가 상승하고 경기가 나빠지면 주가는 떨어진다. 물론 시장은 이런 변화를 미리 반영한다. 그래서 주가가 경기를 선행한다고 하는 것이다. 하지만 주식시장을 움직이는 핵심 요인은 경제 전반의 상황이다. 개별 기업의 주가가 장기적으로 그 기업의 가치를 좇듯 주식시장의 대세상승과 대세하락 역시 경제 전반의 활황과 불황에 따라 결정된다.

❧

주식시장의 큰 흐름은 경기 여건이 좌우한다.
The market as a whole is controlled by the business situation.

끝난 다음에는

Stock-market post-mortems don't pay dividends.
뒤늦게 따져봐야 주식시장은 돈 한 푼 주지 않는다.

바둑이 다 끝난 다음 아무리 복기를 잘하고 훌륭한 설명을 늘어놓아도 승부가 바뀌지는 않는다. 주가의 흐름이 자신의 예상과 다르다고 괜히 왈가왈부해봐야 아무 소용도 없다. 이것은 투자자가 가장 경계해야 할 아주 잘못된 습관이다. 시장이 조금이라도 자기 생각과 다르게 움직이면 흥분하면서 시장을 향해 틀렸다고 소리쳐댄다. 그러나 투자자의 목표는 수익을 얻는 것이지, 주가가 자기 생각과 맞게 움직여야 한다고 주장하는 게 아니다.

☙

절대 시장과 다투지 말라. 주가 움직임에 어떤 이유나 설명을 요구하지도 말라.
Never argue with the market or ask it for reasons or explanations.

기껏 인간일 뿐이다

Confidence not cockiness.
자부심은 갖되 우쭐대지는 말라.

투자자의 목표는 결국 하나로 귀결된다. 얼마나 많은 돈을 버느냐다. 그래서 다들 조금이라도 높은 수익률을 올리고 손실을 줄이기 위해 안간힘을 쓰는 것이다. 그러나 중요한 사실은 승부는 하루아침에 나지 않는다는 점이다. 자기 능력으로든 운이 좋아서였든 한번 대박을 터뜨렸다고 해서 끝난 게 아니다. 자기자신에 대한 확신을 갖는 것은 필요하지만 절대 자만하거나 우쭐대서는 안 된다. 많은 투자자들이 더 이상 성장하지 못하고 초보 단계에 계속 머무르는 이유는 이 점을 망각해서다.

❦

아무리 대단한 인간이라고 해봐야 기껏 인간일 뿐이다.
The best of men are but men at best.

의심은 발명의 아버지

Capital is like a rabbit.
자본은 토끼와 같다.

위험의 조짐만 있어도 후다닥 도망가버린다는 의미에서 자본과 토끼는 같다. 주식에 투자하는 돈 역시 자본이다. 그렇다면 토끼처럼 행동해야 한다. 늘 경계태세를 늦추지 말고, 어떤 변화가 일어나는지 예의주시하고, 뭔가 새로운 일이 감지되면 즉시 행동할 준비가 돼 있어야 하는 것이다. 그래야 투자의 세계에서 살아남을 수 있다. 주식시장에 영원한 우량주는 없다. 지금은 최고의 기업이지만 영원히 1등 자리를 지킬 수는 없다. 자신이 투자한 기업에 무슨 일이 벌어지고 있는지 잘 관찰해야 한다. 노련한 투자자일수록 늘 신중하게 의심 어린 눈길로 바라본다.

의심은 발명의 아버지다.
Doubt is the father of invention.

실수에서 배우라

Put the spotlight on your failures.
자신이 저지른 실수를 집중해서 바라보라.

왜 내가 가진 종목만 떨어지지? 시장은 한창 상승세를 타고 있는데, 내가 투자한 주식만 내려가는 어처구니없는 경험을 다들 한두 번쯤은 해봤을 것이다. 누구를 원망하거나 시장과 싸울 수도 없다. 그럴수록 다시 한번 잘 생각해봐야 할 점이 있으니, 어떤 주식이든 절대로 이유 없이 떨어지지는 않는다는 것이다. 손실이 났다는 것은 판단이 잘못됐다는 의미다. 이럴 때는 자신의 실수를 인정해야 한다. 투자자가 가져야 할 자세는 객관성을 유지하는 것이다. 현명한 투자자는 손실에 얽매이지 않고, 그 이유를 빨리 밝혀내 다시는 그런 실수를 저지르지 않도록 방법을 강구한다.

❧

당신의 실수에서 배우라.
Learn from your mistakes.

다니엘 드루

He who sells what isn't his'n, must buy it back or go to pris'n.

자기가 갖고 있지 않은 것을 팔면 나중에 반드시 도로 사든지 아니면 감옥으로 가야 한다.

이 말은 1860년대 월스트리트에서 주식 물타기 수법을 처음 개발해 최고의 투기꾼 자리에 오른 다니엘 드루가 한 것인데, 소몰이꾼 출신으로 정규 교육을 전혀 받은 적 없는 드루는 비록 어법에는 맞지 않지만 정곡을 찌르는 촌철살인의 경구를 많이 남겼다. "주식시장은 경험이 많은 사람은 돈을 벌고, 돈이 많은 사람은 경험을 얻는 곳이다." 그러나 공매도의 달인이었던 드루 역시 할렘 철도 주식을 놓고 코넬리우스 밴더빌트와 대결하다 굴복하고 말았는데, 다행히 감옥에는 가지 않았다.

❧

공매도는 반드시 거래량이 많은 종목으로 해야 한다.
Sell and borrow only those stocks which have a wide market.

지식보다는 운

An ounce of luck is worth a pound of wisdom.

작은 행운이 대단한 지식보다 낫다.

그렇다고 해서 너무 운에 기댄다거나 요행수를 바라서는 안 되겠지만 인간의 의지로도 어쩔 수 없는 게 세상일이다. 노련한 투자자일수록 이 말의 의미를 잘 이해할 것이다. 사실 이 격언이 전해주는 메시지는 겸손해지라는 것이다. 너무 빨리 절망할 필요도 없고, 너무 일찍 기뻐해서도 안 된다. 속된 말로 운칠기삼(運七技三)이라고 하는 것은 인간의 능력이 닿을 수 있는 한계가 그 정도기 때문이다. 이미 잃은 것은 아쉬워해봐야 아무런 소용도 없다. 아쉽게 돌아서는 순간 뜻하지 않은 행운이 찾아와 주기도 한다.

❧

세상사 지식이 아니라 운이 결정하는 것이다.
It is fortune, not wisdom that rules.

가장 바보 같은 짓

There is the Wall Street fool, who thinks he must trade all the time.

월스트리트에도 바보가 있으니 언제나 거래를 해야 한다고 생각하는 사람이다.

어디에나 늘 멍청한 짓을 하는 바보가 있다. 월스트리트에서 가장 바보 같은 짓은 시도 때도 없이 거래하고 항상 충동적으로 매매하는 것이다. 이것이야말로 주식시장에서 돈을 날리는 가장 빠른 길이다. 현명한 투자자는 인내심을 갖고 때가 무르익기를 기다린다. 자신이 투자하기에 가장 유리한 여건이 조성됐을 때 비로소 투자를 한다. 확실하고 만족스러운 느낌이 들 때만 시장에 뛰어드는 것이다. 그래도 열 번 가운데 서너 번은 틀리는 곳이 주식시장이다. 매일같이 주식을 매수하거나 매도해야 할 확실한 이유를 갖고 있는 사람은 없다.

⌘

구르는 돌에는 이끼가 끼지 않는다.
A rolling stone gathers no moss.

신호를 준다

Don't trade until an opportunity presents itself.

기회가 스스로 자신을 드러낼 때까지 거래하지 말라.

참고 기다리면 시장이 신호를 준다. 노련한 투자자는 시장이 분기점에 다다를 때까지 지켜보다가 새로운 주가 움직임이 시작되는 시점에 맞춰 행동에 나선다. 그렇게 하면 만약 잘못 돼도 치명적인 손실은 입지 않는다. 정확한 시점에 진입했다면 일단 시장이 제 갈 길을 가도록 내버려두면 된다. 다시 한번 시장이 이익 실현을 하라는 신호를 줄 때까지 기다리는 것이다. 시장은 반드시 신호를 준다.

❦

언제 시장에서 물러나야 하는지를 아는 것은 언제 시장에 뛰어들어야 하는 것만큼이나 중요하다.

Knowing when to stay out of the markets is as important as knowing when to be in them.

양이 아니라 질

Concentrate on quality.
단순 주가가 아니라 그 주식의 질에 주목하라.

주식 투자의 성패는 양이 아니라 질이 결정짓는다. 그런데도 많은 투자자들이 우량주를 매수하지 않는 이유는 단지 주가가 높아 보이기 때문이다. 기업 내용이 형편없는 부실주에 투자하는 이유 역시 주가가 낮기 때문이다. 간혹 저가주를 매수했다가 "대박"을 터뜨리는 경우도 있다. 하지만 영업 기반이 취약하고 재무구조가 부실한 종목은 결국 시장에서 사라져버릴 수 있다. 미래가 없는 것이다. 투자자가 주목해야 할 주식은 성장성이 뛰어나고 수익성도 우수한 엘리트 종목이지 싸구려 잡주가 아니다.

더러운 개들과 함께 자면 벼룩이 옮을 수밖에 없다.
If you sleep with dogs, you're bound to get fleas.

정원사처럼

Take the time to supervise your stocks periodically.
시간을 정해 정기적으로 보유 주식을 평가하라.

주식시장을 둘러싼 환경은 매일매일 바뀐다. 경제 상황도 변하고 기업 경기도 달라진다. 주식을 매수했다고 투자가 끝난 게 아니다. 이제 비로소 본격적인 투자가 시작된 것이다. 투자 포트폴리오를 정기적으로 점검하면서 마치 정원사가 잡초를 제거하듯 나쁜 종목은 정리하고 대신 좋은 종목을 추가해야 한다. 보유 주식을 너무 자주 교체하는 것도 좋지 않지만 무작정 방치해서도 안 된다. 적어도 1년에 한 번씩은 종목별 수익률을 체크하고, 주가가 오르내린 이유는 무엇인지 살펴보는 게 필요하다. 이렇게 공부하면서 수익을 늘려나가는 게 바로 투자다.

방앗간에 들어온 것은 전부 곡물이다.
All is grist comes to the mill.

고장난 시계

Even a stopped clock is right twice a day.
멈춰버린 시계도 하루에 두 번은 맞는다.

월스트리트에는 이렇게 멈춰 서버린 시계가 무척 많다. 이들은 자신이 주식시장의 타이밍을 정확히 맞출 수 있다고 자신하고, 대박을 터뜨릴 종목을 확실히 말해줄 수 있다고 자랑한다. 그러고는 강세나 약세 전망만 줄기차게 고집한다. 첨단기술주나 대형 성장주 같은 특정 종목군만 추천하기도 하는데, 이들 가운데 운이 좋은 몇몇은 똑똑한 전문가 대접을 받는다. 게다가 이들은 논리 정연한 말투와 세련된 외모까지 갖추고서 텔레비전 같은 데 자주 얼굴을 비춘다. 하지만 그럴수록 조심해야 한다.

❧

그럴듯한 말을 들으면 사기가 아닌지 의심해보는 게 좋다.
Under fair words beware of fraud.

의심이 들 때

If there are valid doubts over the main trend, it is wise to withdraw.

추세를 의심할 만한 단서가 있다면 일단 물러서는 게 현명하다.

대담하게 앞서가는 게 필요할 때도 있지만 한 발 뒤로 빼야 할 때도 있다. 특히 시장의 방향성이 뚜렷하지 않고 불확실할 때 추세가 바뀌고 있음을 뒷받침하는 몇 가지 단서를 발견했다면 일단 시장에서 빠져 나오는 게 상책이다. 강한 의심이 아니더라도 때로는 보유 주식을 모두 처분하고 현금만 손에 쥐고 있을 때도 있어야 한다. 당신이 아니어도 주식시장은 잘 돌아간다. 오히려 당신이 빠져 나와있는 동안 시장은 당신을 위해 멋진 기회를 만들어놓을 것이다. 그때까지 지켜보면서 참고 기다리면 된다.

❧

항상 주식시장에 머물러 있어야 할 이유는 없다.
There is no need for one always to be in the stock market.

잘 모르는 주식

Beware of a stock that you don't know.
잘 모르는 주식은 일단 조심하라.

회사 이름도 처음 들어보고 사업 내용도 생소한데 괜히 눈길이 가는 주식이 있다. 게다가 테마주로 알려져 주가마저 고공행진을 이어가면 투자해보고 싶은 유혹에 사로잡히게 된다. 하지만 이런 환상에서 깨어나는 게 좋다. 테마주는 오래 가지못한다. 반짝 유행에 그치기 십상이다. 그러면 남는 건 후회뿐이다. 장기적으로 높은 수익률을 가져다 주는 주식은 유행에따라 움직이는 종목이 아니라 꾸준히 성장해가는 종목이다. 주식시장에서는 자신이 가장 잘 알고 있는 종목, 그리고 기업내용을 쉽게 파악할 수 있는 종목에 투자해야 한다.

멀리 있는 초원이 제일 푸르러 보인다.
Far field look the greenest.

감정이라는 커튼

**Most facts reach Wall Street through a curtain of
human emotions.**

월스트리트에서는 대부분의 사실이 인간의 감정이라는 커튼을
통해 드러난다.

투자의 세계에서는 그래서 감정 절제가 무엇보다 중요하다. 사실 노련한 전문가들조차 감정을 개입하지 않고 있는 그대로의 사실을 직시하기란 대단히 어려운데, 그럴수록 주식시장을 주기적으로 휩쓸어버리는 낙관주의와 비관주의의 파도에 떠내려가지 않도록 조심해야 한다. 무슨 일이 있어도 흥분하지 않고 냉정하게 사실을 바라볼 수 있는 능력이야말로 투자자에게 꼭 필요한 덕목이다. 이 말은 버나드 바루크가 남긴 것으로 바루크는 주식시장에서 큰돈을 벌어 정계로 진출, 4명의 대통령을 보좌했다. 그는 누구보다 감정 조절에 뛰어났고 생각이 깊었다고 한다.

❧

잔잔한 물이 깊은 법이다.
Still waters run deep.

참다운 용기

While there is no ladder that reaches to Heaven,
the ladder that reaches to Hell is just as fantastic.

천국으로 가는 계단이 없는 것처럼 지옥으로 가는 열차 역시
환상일 뿐이다.

강세장이 시작되면 많은 투자자들은 이번 상승세가 영원히 계속될 것이라고 믿는다. 하지만 하늘 끝까지 이어지는 계단은 없는 법, 시장은 곧 정점을 치고 내려온다. 그런데 약세장이 어느 정도 이어지면 이번에는 많은 투자자들이 바닥을 가늠하지 못한 채 투자할 의욕마저 잃어버린다. 그러나 시장은 반드시 바닥을 찍고 올라가게 돼 있다. 무서운 것은 지금의 시장 상황이 아니라 그것을 보지 않으려는 두려움이다. 참다운 용기는 예기치 못한 위기와 도전에 부딪쳤을 때 발휘되는 것이다.

수탉도 제 똥더미 위에서는 큰소리친다.
Every cock will crow on his own dunghill.

1029

다르지 않다

This time is never different.
이번 역시 결코 다르지 않다.

시대를 막론하고 주식시장은 항상 광기에 휩싸이곤 한다. 그럴 때마다 들려오는 말은 이번에는 다르다(This time is different)는 것인데, 존 템플턴 경의 지적처럼 이 말은 주식 투자자에게 가장 비싼 네 단어다. 시장에 투기 붐이 몰아칠 때는 반드시 그 근거도 함께 제공된다. 신경제니 새로운 시대니 하는 수식어로 주가의 거품과 이상과열을 포장하는 것인데, 한마디로 이번에는 첨단기술과 경제 여건의 변화 덕분에 과거와는 전혀 다른 잣대로 주가를 평가해야 한다는 것이다. 만일 주변에 이런 말이 퍼지고 있다면 조용히 시장을 빠져 나오라.

절대라는 말은 함부로 하는 법이 아니다.
Never is a long term.

좋은 주식

Good companies are not necessarily good stock.
좋은 기업이 반드시 좋은 주식은 아니다.

많은 투자자들이 생각 없이 저지르는 잘못 중 하나가 바로 이 것이다. 훌륭한 기업과 훌륭한 주식을 동일시하는 것이다. 투 자의 세계에서 좋은 주식이란 단순히 좋은 기업의 주식이 아 니다. 주식시장에서는 주가 상승 잠재력이 큰 기업이 좋은 기 업이다. 아무리 뛰어난 기업이라 해도 주가가 오르지 않으면 소용없다. 투자자라면 누구나 가장 화려하게 성장해가는 기업 의 주식을 갖고 싶어한다. 그러나 대개는 가장 지루해 보이는 기업이 가장 높은 수익률을 가져다 준다.

❧

누구나 받아들이는 상식은 대개 틀린 것이다.
The conventional wisdom is usually wrong.

시장의 불꽃

The stock market does not culminate in one grand blaze of glory.

주식시장은 한 번의 급상승세로 곧장 정점에 다다르지 않는다.

시장의 불꽃이 한 차례 활활 타올랐다고 해서 곧장 정점에 도달하는 것은 아니다. 마찬가지로 시장의 불꽃이 갑작스러운 한 번의 반전으로 꺼져버리는 것도 아니다. 관성의 힘은 주식시장에도 그대로 영향을 미친다. 시장을 둘러싼 여건이 강세일 때는 전쟁조차도 강세장을 돌려놓지 못하고, 약세일 때는 그 무엇도 약세장을 막지 못한다.

일어날 일은 일어나게 돼 있다.
What will be, will be.

앞지르려 하지 말라

Wall Street's graveyards are filled with men who were right too soon.
월스트리트에는 옳은 판단을 했으나 그것이 너무 빨라 명을 재촉한
사람들로 넘쳐난다.

열심히 연구하고 노력하면 주식시장의 방향을 어느 정도 정확히 파악할 수 있다. 그러나 그게 다가 아니다. 주식시장에는 시간이라는 자물쇠가 있다. 아무리 옳은 판단을 했다 해도 시장이 자신의 뜻대로 움직이기 위해서는 불가피하게 시간이 필요하다. 많은 투자자들이 이걸 참지 못하고 섣불리 뛰어들었다가 귀중한 돈을 날려버린다. 시장이 넘어뜨린 게 아니다. 투자자 스스로 제풀에 넘어진 것이다. 자신이 옳다는 생각이 들수록 더욱 신중해져야 한다.

❧

절대 시장을 앞지르려 하지 말라.
Don't try to outguess the market.

환상이 아니라 현실이다

Stocks were made to sell.

주식은 팔기 위해 만들어졌다.

주식시장은 투자자들에게 수익을 나눠주기 위해 만들어진 곳이 아니다. 기업의 소유권을 지분으로 잘게 쪼개 거래하는 곳이 주식시장이고, 여기서 기업은 필요한 자금을 조달한다. 주식을 매수한 사람이 수익을 얻든 손실을 보든 주식시장은 상관하지 않는다. 투자자가 더 많은 수익을 거둘수록 앞으로 이들에게 더 많은 주식을 더 수월하게 팔 수 있을 뿐이다. 주식시장에서 모든 위험 부담은 매수자가 부담해야 한다. 그래서 수익은 늘 불확실하다. 투자는 환상이 아니라 현실이다. 현실은 결코 녹록하지 않다.

❧

조심하라, 매수자들이여.
Let the buyer beware.

목표는 크게

Reject everything that does not promise to advance generously in price.

아주 크게 오를 전망이 없는 주식이라면 아예 쳐다보지도 말라.

주식 투자는 확실한 수익을 목표로 해야 한다. 은행 금리 수준의 배당금을 받기 위해 투자한다거나, 1년 내내 주가가 10%도 채 움직이지 않는 종목을 매수한다면 결코 좋은 성과를 낼 수 없을 것이다. 적어도 두 배쯤 오를 것으로 기대되는 종목에 투자해야 한다. 이런 주식을 찾을 수 없다면 차라리 현금을 그대로 보유하고 있는 게 낫다. 물론 처음에 세워두었던 목표에 못 미치더라도 급할 때는 팔 수 있다. 투자란 확률적으로 자신에게 유리할 때 실행하는 것이다.

특별한 기회가 스스로 모습을 드러낼 때까지 투자를 보류하라.

Keep uninvested unless and until a particularly opportune time present itself.

경험이 최고의 스승

Selling a soybean contract short is worth two years at the Harvard Business School.

대두 선물 1계약을 공매도하는 게 하버드 경영대학원에서 2년 공부하는 것보다 낫다.

소설 『모비딕』으로 유명한 허만 멜빌은 "포경선은 나에게 예일 대학이자 하버드였다"고 말했다. 그는 열일곱 살 나이로 배를 타기 시작해 그때의 경험을 바탕으로 작품을 썼다. 만일 그가 고래잡이 배를 타지 않았더라면 지금 고전의 반열에 올라있는 여러 작품을 쓸 수 없었을 것이고, 19세기 미국 최고의 작가라는 평가도 얻지 못했을 것이다. 주식 투자자 역시 시장을 예일 대학이자 하버드로 삼아야 한다. 어디서도 쉽게 가르쳐 주지 않는다. 자신이 직접 투자하면서 틀렸을 때는 혹독한 대가를 치러가며 배워야 한다.

경험이 최고의 스승이다. 다만 수업료가 비쌀 뿐이다.
Experience is the best teacher but the school fees are high.

가시 없는 장미 없다

If it sounds too good to be true, it isn't true.
믿기지 않을 정도로 너무 좋게 들린다면 그건 아니다.

연 수익률 20%를 보장하면서 손실이 날 걱정은 전혀 없는 투자 상품이라고, 혹은 무조건 한 달 안에 최소 두 배는 오를 주식이 있다며 당장 투자하라고 누가 권유한다면 그 즉시 뒤도 돌아보지 말고 달아나라. 너무나도 그럴듯하게 들린다면? 더 빨리 도망쳐야 한다. 그런 투자는 있을 수 없다. 그건 탐욕을 자극해서 만들어낸 신기루이자 환상일 뿐이다. 이 세상 어디에도 공짜로 돈을 집어주는 곳은 없다. 높은 수익률을 바란다면 높은 리스크를 부담해야 한다. 금세 두 배가 될 수 있다면 금세 반토막이 날 수도 있다.

❧

가시 없는 장미 없다.
There is no rose without a thorn.

어처구니없는 도전

When the market's going down, it's not because you are stupid.

주식시장이 내려가는 것은 당신이 어리석기 때문이 아니다.

주가가 내리막길로 접어들면 주식을 보유한 많은 투자자들이 자신의 어리석음을 탓하며 시장을 원망한다. 때로는 시장을 향해 항변하기도 한다. "언제까지 떨어지는지 두고 보자. 누가 이기는지 한번 해보자고!" 이건 정말 어처구니없는 도전이다. 시장은 당신이 어떤 주식을 얼마나 보유하고 있는지 전혀 알지도 못하고 상관하지도 않는다. 시장은 투자자들의 지적 능력을 가늠해주는 곳이 아니다. 그러므로 강세장이 다시 찾아오더라도 이 점을 꼭 명심하기를.

주식시장이 올라가는 것 역시 당신이 똑똑해서가 아니다.
When the market's going up, it's not because you are smart.

잔잔한 물이 깊다

Never make a buy or a sell decision in your broker's office.

증권회사 객장에서 매매 결정을 내리지 말라.

이리저리 휩쓸려 다니는 군중의 호들갑으로부터 한 발짝 떨어져 있으라는 말인데, 요즘 같았으면 컴퓨터 모니터나 스마트폰 앞에서는 중요한 매매 결정을 내리지 말라고 했을 것이다. 잘 생각해보라. 그동안 여기저기서 흘러나온 사람들의 말에 넘어가 충동적으로 매매 주문을 냈을 때 어떤 일이 벌어졌었는지 말이다. 틀림없이 결과가 좋지 않았을 것이다. 무슨 일이든 중대한 결정은 혼자서 냉정하게 내려야 한다. 온갖 소음으로 가득한 시끌벅적한 시장 통에서 좋은 판단을 내리기는 어렵다.

지혜로운 판단은 조용한 데서 나온다.

A still tongue makes a wise head.

군중으로부터 멀어지라

**Any investment system followed by all naturally
defeats itself.**

모두가 따르는 투자 방식은 그 자체로 실패할 수밖에 없다.

투자자가 가장 먼저 해야 할 일은 군중으로부터 멀어지는 것이다. 대다수 군중의 판단은 대개 틀리고 기껏해야 평균치에 불과하다. 많은 사람들이 따르는 투자 방식이라고 해서 무조건 옳은 것은 아니다. 오히려 모두가 똑같은 두려움에 사로잡히거나 탐욕에 빠져들면 그때가 바로 시장의 전환점이다. 전부 한꺼번에 내던지거나 동시에 달려들면 곧이어 시장은 방향을 바꿀 수밖에 없기 때문이다. 누구나 부자로 만들어주는 완벽한 투자 방법은 존재하지 않는다.

주식시장에 확실한 것은 없다.
Nothing is sure in the stock market.

사실과 이론

It is never wise for an investor to fit his facts to his theories.

현명한 투자자는 자신이 수집한 사실을 자신의 이론에 끼워
맞추지 않는다.

시장이 일단 방향을 잡고 움직이기 시작했다면 지금이 강세인
지 약세인지 알게 될 것이고, 아니 알 수밖에 없을 것이다. 그
것을 알았다면 자신이 매수해야 할지 매도해야 할지도 알 것
이다. 주식시장에서 큰 수익을 올리기 위해서는 대세 상승과
대세 하락이 처음 시작될 때 뛰어들어야 한다. 노련한 트레이
더가 시장을 주시하는 목적은 바로 이런 타이밍을 잡기 위한
것이다. 그러나 자신의 이론에 매달려 시장이 알려주는 사실
을 외면한다면 절대로 이런 추세가 보이지 않을 것이다.

❧

의견이 아닌 사실을 수집하라.
Demand fact, not opinion.

인기만 좇는다면

Don't look to popular trends to direct you toward the best investment opportunities.

인기만 좇아서는 최고의 투자 기회를 잡을 수 없다.

주식시장에도 유행이 있다. 한동안 IT(정보기술) 주식이 붐을 탔다가 자동차와 바이오 관련주가 선풍적인 인기를 끌기도 한 다. 하지만 이런 열기는 늘 일시적인 것으로 끝나고 만다. 뒤늦 게 붐에 편승해 투자했다가는 손실을 보기 십상이다. 주식 투 자는 기본적으로 기업을 사는 것이다. 자기가 그 회사의 주인 이 되고 싶은 기업의 주식을 사야 한다. 성공적인 투자를 위해 서는 대중적인 인기를 멀리하는 자세가 필요하다.

일시적인 유행이나 겉모습에 취해 매수해서는 안 된다.
Don't buy fads or novelties.

보유 기간

The length of time one holds a position has nothing
to do with profits.

주식을 얼마나 오래 보유했느냐는 수익과 아무 관계도 없다.

시도 때도 없이 충동적으로 매매하는 것은 금물이다. 그렇다고 해서 한번 매수한 주식을 무한정 끌고 가는 것도 현명한 투자 방법은 아니다. 주식 투자의 목적은 수익을 거두는 것이다. 수익은 거래를 통해 실현하지 않는 한 장부상의 평가 이익일 뿐이다. 아무리 훌륭한 종목을 보유하고 있더라도 충분한 이유가 드러난다면 그때는 팔아야 한다. 추세가 변하는데도 무조건 장기 투자를 고집한다면 자칫 큰 대가를 치를 수 있다. 나중에 상황이 바뀌면 다시 매수할 수 있다.

시장은 내일도 열린다.
The market will be here tomorrow.

희망과 두려움

It is inseparable from human nature to hope and to fear.

희망과 두려움은 따로 떼어놓을 수 없는 인간 본성이다.

시장이 자신의 생각과 반대로 움직이면 하루하루가 마지막 날이기를 바라고, 자신의 예상대로 움직이면 평가이익이 금방 사라져 버리지나 않을까 노심초사한다. 그래서 손실이 나도 손절매를 못하고, 이익이 나면 너무 빨리 빠져 나와 버린다. 희망은 더 큰 손실을 낳는 원인이 되고, 두려움은 마땅히 벌었어야 할 돈을 벌지 못하게 만든다. 투자에 성공하려면 반드시 이 두 가지 약점과 싸워야 한다. 희망과 두려움이라는 굴레에서 벗어나지 못하면 투자는 힘들어질 수밖에 없다.

༄

투자자의 가장 큰 적은 늘 자기 내부에 도사리고 있다.
The investor's chief enemies are always boring from within.

따분하지만 확실하게

Risk comes from not knowing what you are doing.
리스크는 자신이 무엇을 하고 있는지 모르는 데서 온다.

주식시장에서 모험을 즐기고 스릴을 느끼고자 한다면 조만간 깡통계좌를 갖게 될 것이다. 미식가처럼 해서도 안 된다. 처음 보는 진기한 메뉴보다는 앞서 먹어본 음식을 먹는 게 안전하다. 주식 투자는 지루하고 재미없게 해야 한다. 자신이 확실히 알고 있는 것에만 투자하라는 말이다. 승산이 아주 높아서 절대 실망하지 않을 기업에만 투자한다면 큰 손실을 입는 일은 없을 것이다. 현명한 투자자는 위험 부담이 큰 투자는 하지 않되 그 위험을 충분히 계산할 수 있을 때는 과감히 뛰어든다. 그때까지 기다려야 한다.

☙

훌륭한 투자는 따분하다.
Good investing is boring.

자신의 무지를 탓하라

Don't blame the Stock Exchange for your own mistakes.
자신의 실수를 거래소 탓으로 돌리지 말라.

주식시장에서 손실을 입은 가장 큰 이유가 다름아닌 자신의 무지 때문이었다는 사실을 인정하는 투자자는 그리 많지 않다. 자신이 본업으로 하는 사업이었다면 당연히 기울였을 주의와 시간조차 기울이지 않고는 모종의 투기 세력이 알 수 없는 속임수로 자신의 돈을 빼앗아갔다고 주장한다. 제도상의 문제점을 탓하는 이들도 있다. 그러나 투자 성과에 대해서는 자신이 책임져야 한다.

❧

서툰 장인이 연장 나무라는 법이다.
A bad workman blames his tools.

최후에 웃는 자

The last is first.
마지막이 먼저다.

일을 시작할 때는 항상 마지막을 생각해야 한다. 구두를 만드는 사람은 마무리 지을 일을 먼저 생각하고서 가죽을 자르기 시작한다. 그런데 대부분의 투자자들은 그렇게 하지 않는다. 그저 주가가 이전보다 많이 떨어졌거나, 장부가치 대비 최저 수준이거나, 배당수익률이 최고 수준이면 무조건 매수에 나선다. 그러나 경험이 많은 노련한 투자자는 가장 싼 주식이 가장 비싼 주식이라는 점을 잘 안다. 왜냐하면 그런 주식일수록 나중에 팔기 어렵기 때문이다. 만사 신중한 게 제일이다.

❧

최후에 웃는 자가 가장 오래 웃는 법이다.
He who laughs last, laughs longest.

시장의 판결

Listen to the market. The market tells you things.
시장에 귀 기울이라. 시장이 말해줄 것이다.

《주식시장 바로미터》를 쓴 윌리엄 피터 해밀턴은 이렇게 말했다. "주식시장은 모든 사람이 알고 있는 모든 정보와 그들의 바람, 믿음, 기대를 전부 반영한다. 시장은 이 모든 것들을 전부 반영해 냉혹한 평결을 내린다." 시장은 누구보다 똑똑하다. 의미 없이 움직이는 경우도 없다. 그러므로 시장의 흐름을 읽어낼 줄 알아야 하는 것이다. 성공하는 투자를 위해서는 훈련과 경험, 판단력이 중요하지만 시장에 귀 기울이는 신중하고 겸손한 자세 역시 필요하다.

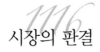

시장의 냉혹한 판결을 들어보라.
Listen to the bloodless verdict of the market place.

소탐대실

A bird in a hand is worth two in the bush.
손 안의 새 한 마리가 숲 속의 두 마리보다 낫다.

옛말에 소탐대실(小貪大失)이라고 했다. 괜한 욕심으로 사업을 무리하게 확장했다가 잘 나가던 지금 회사까지 문 닫는 경우를 자주 본다. 투자자들 역시 어렵게 수익을 거둔 다음 조금만 더 하고 욕심을 부리면 그렇게 된다. 아무리 확실해 보이는 투자 기회라 해도 항상 주의 깊게 살펴봐야 한다. 더구나 지금 보유하고 있는 종목에서 꾸준히 소득을 얻고 있는데, 더 큰 이익을 얻으려고 다른 종목으로 갈아타면 십중팔구 후회하게 된다. 욕심을 부리다 그나마 가진 것마저 놓쳐버린다. 지켜야 할 때는 지킬 줄도 알아야 한다.

❧

황금알을 낳는 거위를 죽이지 말라.
Kill not the goose that lays the golden eggs.

변명하지 말라

Don't make excuses when you are wrong. Just admit it and try to profit by it.

틀렸을 때는 변명하지 말라. 자신의 잘못을 인정하고 그것을 활용하라.

주식시장에서는 틀렸을 때 어떤 변명도 통하지 않는다. 틀렸을 때는 자신이 잘못했음을 인정하고, 그것을 활용해 이익을 얻도록 노력해야 한다. 중요한 것은 무슨 일이 있어도 틀리지 않겠다고 다짐하는 게 아니라 틀렸을 때 뭔가를 배우려는 자세다. 주식시장은 늘 열려있다. 배우고자 하면 그동안 보지 못했던 것이 눈에 들어온다. 틀렸다는 사실도 지나고 보면 훌륭한 경험이 될 수 있다. 기회는 언제든 다시 찾아온다. 영국의 문호 오스카 와일드가 남긴 말을 되새겨보자.

❦

경험이란 우리가 저지른 실수에 붙여준 이름일 뿐이다.
Experience is simply the name we give our mistakes.

두 번 연속 맞춰야 한다면

A market timer has to be right twice.
시장의 타이밍을 재려면 두 번 정확히 맞춰야 한다.

많은 투자자들이 버리지 못하는 잘못된 버릇 가운데 하나가 주식시장의 타이밍을 재려고 하는 것이다. 아무리 뛰어난 투자자도 시장의 변곡점을 정확히 맞출 수는 없다. 설사 맞춘다 하더라도 한 번에 그쳐서는 안 된다. 시장의 상승세가 꺾일 것이라고 예상하고 주식을 다 팔았는데, 바로 다음날부터 주가가 하락했다면 한 치의 오차도 없이 완벽하게 맞춘 것이다. 그러나 이게 끝이 아니다. 이제 다시 시장에 들어갈 타이밍을 잡아야 한다. 시장의 타이밍을 재려면 두 번을 연속해서 맞춰야 하는 것이다.

❧

섣불리 시장의 천정과 바닥을 잡아내려고 하지 말라.
Don't try to pick the top and the bottom of the market.

내부자 정보

Beware of inside information, all inside information.
내부자 정보를 경계하라. 그것이 어떤 것이든.

기업이나 금융권 고위 인사에게서 나온 정보라면 자다가도 벌떡 일어나는 사람들이 있다. 이들은 주식시장에 자선사업가가 넘쳐나고 있다고 생각하는 것이다. 과연 그 내부자가 왜 자기한테만 돈을 주고 싶어하는지, 그래서 정말로 특별한 정보를 준 것인지 곰곰이 따져보면 금방 생각이 달라질 텐데 말이다. 내부자 정보를 듣고 따라 했다가 전 재산을 날린 투자자는 헤아릴 수 없이 많다. 누구를 통해 들었든 상관없다. 주식시장에 자선사업가는 없다.

내부자 정보는 어떤 재난보다도 더 빨리 파산에 이르게 해줄 것이다.
Investing on inside tips will break a man more quickly than any disaster.

과거는 묻지 마세요

Where a stock has been is history, it's spilt milk.

주식에게 지나간 과거는 이미 엎질러진 물이다.

어느 기업의 주가가 몇 달 사이 30%나 떨어졌다면 매우 싸게 보일 것이다. 하지만 이 회사의 실적이나 전망이 굉장히 나빠졌기 때문일 수 있다. 혹은 앞서 높았던 주가가 실은 일시적인 유행에 따른 것이었고, 지금은 그 거품이 빠지고 있는 중인지도 모른다. 중요한 것은 앞으로의 주가가 어떻게 될 것인가 하는 점이다. 과거의 주가는 잊어버리는 게 좋다. 어제의 주가가 내일의 주가를 결정짓는 것은 아니다.

❧

과거에 그 주식이 어디에 있었는지는 묻지 말라. 앞으로 그 주식이 어디로
갈 것인지 물어보라.

Do not be concerned with where a stock has been, instead
concerned with where it is going.

촉매

You always need a catalyst to make big things happen.

큰 기회를 잡으려면 반드시 촉매로 작용할 재료가 있어야 한다.

무슨 일이든 그냥 저절로 일어나는 경우는 없다. 주식시장에서는 특히 그렇다. 시장을 움직이는 재료가 있어야 주가가 움직인다. 그래야 수익을 기대하고 과감히 투자할 수 있는 것이다. 투자자가 배워야 할 가장 중요한 원칙 중 하나는 확실한 재료가 나타날 때까지는 아무것도 하지 않는 것이다. 그러나 많은 투자자들이 이 원칙을 망각하고 아무 때나 시장에 뛰어든다. 운 좋게 한번 수익을 낸 다음에는 더 쉽게 생각하고 달려든다. 그렇게 해서 얻을 것이라고는 뒤늦은 후회와 한숨뿐이다. 기회는 억지로 만들어지는 게 아니다.

❧

확실한 뭔가가 눈앞에 드러날 때까지 기다리라.

Wait until you find something.

확률

Successful investor must not only observe accurately but remember what he has observed.

성공하는 투자자는 정확하게 관찰할 뿐만 아니라 자신이 관찰한 것을 늘 기억한다.

결정적인 순간, 투자자가 판단을 내릴 때 무엇에 의지해야 할까? 우선 경험과 관찰, 기억이다. 성공하기 위해서는 오랜 경험을 바탕으로 정확하게 관찰하고, 그렇게 파악한 것을 항상 기억해야 한다. 또 확률에 기초해 베팅하는 게 중요하다. 혹시 예상할 수 없는 사건이 벌어질 것이라는 느낌이 든다 해도 그런 예상할 수 없는 사건에는 절대로 베팅하지 않는 것이다. 성공하는 투자자는 오랜 세월 주식시장을 경험하면서, 꾸준히 공부하고, 자신이 관찰한 것을 늘 기억한다. 그래야 예상했던 일이 일어나고 있을 때는 물론 예기치 못했던 일이 벌어질 때도 즉시 대처할 수 있다.

❧

반드시 확률에 기초해 베팅하라.
Bet always on probabilities.

고객의 요트

Where are the customers' yachts?
고객들의 요트는 다 어디로 갔지요?

월스트리트를 찾은 시골사람들을 데리고 뉴욕 시내를 구경시켜주던 증권회사 직원이 바닷가 선착장에 정박해있던 요트들을 가리키며 자랑스러운 목소리로 이렇게 말했다. "저게 다 은행가와 주식중개인들의 요트지요." 그러자 한 시골사람이 물었다. "그럼 고객들의 요트는 다 어디로 갔지요?" 이 대화는 1940년에 초판이 출간된 프레드 슈워드의 책 제목으로도 쓰여졌을 만큼 유명해졌는데, 사실 투자자들이 내는 거래수수료는 증권회사와 자산운용회사를 비롯한 증권관련 금융기관들의 중요한 수입원이다. 그러니 오해하지 마시기를.

❧

주식중개인은 당신 편이 아니다.
Your broker is not your buddy.

시장의 목소리

Listen to the market, not outside opinions.

다른 사람의 의견이 아닌 시장의 목소리를 들어라.

시장은 늘 신호를 보내준다. 그 신호를 따르면 된다. 그런데도 시장이 전해주는 메시지는 외면한 채 다른 사람의 의견에 귀 기울이곤 한다. 언제나 지나고 나서야 깨닫지만 당연히 그 결과는 좋을 수 없다. 왜냐하면 그런 의견은 신뢰할 수도 없고 아무 책임도 따르지 않는 것이기 때문이다. 때로는 근거 없는 풍문일 수도 있고, 이미 시세에 반영된 철 지난 뉴스에 불과할 때도 있다. 심지어 시세조종을 위해 소위 세력 쪽에서 악의적으로 퍼뜨린 것일 수도 있다.

❧

절대로, 무슨 일이 있어도 남의 의견에 귀 기울이지 말라.
Never, ever listen to other opinions.

근사치로도 충분하다

I know it when I see it.
보면 안다.

어디까지가 예술이고 어디부터가 외설이냐는 논쟁이 벌어지면 자주 인용되는 포터 스튜어트 미국 연방대법관의 유명한 통찰이다. 외설의 기준을 법규정 같은 것으로 명시하기는 불가능하지만 그럼에도 불구하고 우리는 그것을 보면 알 수 있다는 말이다. 주식의 내재가치 역시 이와 마찬가지다. 몇 년치 재무제표를 정밀하게 분석해보거나 복잡한 수식을 사용하지 않고도 투자자들은 근사치 수준의 내재가치를 파악할 수 있다. 100% 확실하지는 않지만 그것만으로도 충분하다.

❧

내재가치를 측정하는 것은 어차피 부정확할 수밖에 없다.
Ascertaining the intrinsic value of a stock is a necessarily inexact art.

대중과 거꾸로 가라

You cannot outperform the crowd when you are part of it.

군중의 일원으로 있을 때는 군중을 뛰어넘을 수 없다.

어느 분야든 그렇지만 투자의 세계에서도 성공은 늘 소수만이 누리는 특권이다. 다수가 성공하는 경우란 없다. 자신의 생각이 많은 사람들과 같다면 자기 생각을 빨리 바꾸는 게 현명하다. 내가 보유한 종목에 대해 다른 사람들이 이구동성으로 매수해야 한다고 이야기한다면 그때가 바로 그 주식을 팔아야 할 적당한 시점이다. 역발상 투자의 필요성은 바로 여기서 나온다. 주식시장에서 지속적으로 성공하려면 대중의 의견과 거꾸로 가야 한다.

지금 시장을 지배하고 있는 대다수 의견에 역행하는 거래를 해보라.
Force yourself to trade against the consensus.

틀려도 괜찮아

If at first you don't succeed, you are running about average.

처음에 성공하지 못했다면 당신은 지금 중간쯤 달리고 있는 겁니다.

마라톤에 도전해본 사람은 안다. 42.195킬로미터의 풀코스 완주에 처음부터 성공하는 경우는 아주 드물다는 사실을. 완주하지 못했다고 해서 실패한 것은 아니다. 어쨌든 도전했고 두 번째, 세 번째는 성공할 것이다. 성공한 투자자치고 처음부터 대박을 터뜨린 경우는 없다. 숱한 시행착오를 거치고 몇 차례의 좌절과 뼈아픈 시련을 겪은 다음에야 성공을 향해 다가설 수 있다. 이 세상에 완벽한 투자자는 없다. 누구나 실수할 수 있다. 지금 혹시 자신이 틀렸다고 자책하고 있는가? 어차피 또 한번 도전할 것이라면 차라리 대담하게 생각해보라.

❧

틀려도 괜찮아.
It is all right to be wrong.

서둘러야 할 것 같다면

The worst possible time to invest is when the skies are the clearest.

투자하기에 최악의 시점은 하늘에 구름 한 점 없을 때다.

주식시장이 너무나 좋아 보인다면 그때가 제일 위험한 시기다. 이럴 때 주식을 매수하는 것은 금물이다. 주식을 사야 할 시점은 시장을 둘러싼 상황이 온통 부정적이고 그래서 아무도 주식을 사려고 하지 않을 때다. 이런 시기에는 서두르지 않아도 원하는 가격에 얼마든지 주식을 매수할 수 있다. 주식은 절대로 급한 마음으로 매수해서는 안 된다. 왠지 서둘러야 할 것 같다면 최적의 매수 타이밍이 아직 무르익지 않은 것이다. 옛말에도 급하면 진다고 했다.

❦

훌륭한 주식을 매수할 기회는 얼마든지 있다.
There is usually plenty of time to buy good stocks.

반드시 되살아난다

The stock market always comes back, no matter how shocking the events that drive it down.

아무리 충격적인 사건으로 폭락했더라도 주식시장은 반드시 되살아난다.

2001년 9.11 테러 사건 당시를 떠올려보라. 뉴욕 증권거래소가 4일간이나 문을 닫는 초유의 사태가 벌어졌고, 9월 17일 주식시장이 재개장하자 다우존스 지수가 전주 월요일보다 684.81포인트(7.1%)나 폭락한 8920.70으로 마감했다. 뿐만 아니라 9월 18~21일 내내 시장은 계속 하락해 다우존스 지수는 684.89포인트나 더 떨어졌다. 주식시장은 이렇게 끝나는 것 같았다. 그런데 그 해(2001년) 말 다우존스 지수는 10021.50으로 마감해, 1년 전보다 오히려 169.94포인트 상승했다.

❧

주식시장은 늘 탐욕과 두려움 사이를 오가는 곳이다.
Stock markets are always shifting between greed and fear.

1201
다시 찾아올 것이다

There is nothing new in Wall Street.
월스트리트에 새로운 것 없다.

하늘 아래 새로운 것 없다. 주식시장 역시 마찬가지다. 오래 전부터, 사람들이 투자를 처음 시작했을 때부터 그래왔다. 시장을 움직이는 기본 동력, 즉 인간의 본성이 변하지 않기 때문이다. 이 과정은 영원히 이어질 것이다. 주식 붐과 함께 광기가 몰아치면서 거품이 일었다가는 패닉과 함께 폭락한다. 주가는 바닥을 기고 대중은 시장을 외면하면 그때 비로소 반전이 이루어진다.

☙

오늘 주식시장에서 무슨 일이 벌어지든 이전에 똑같은 일이 있었을 것이며
앞으로 또 다시 되풀이될 것이다.
Whatever happens in the stock market today has happened before
and will happen again.

패자의 게임

Unless you're a pro, just try to get ball over the net.

프로 테니스 선수가 아니라면 일단 공을 네트 너머로 넘기는 데
최선을 다하라.

프로 선수들이 경쟁하는 골프나 테니스 경기에서 승부는 주로
승자의 기술에 따라 결정지어진다. 그 선수가 얼마나 멋진 샷
을 날렸는지, 혹은 얼마나 강력한 스매싱을 했는지에 따라 승
패가 좌우되는 것이다. 그러나 아마추어들의 게임은 다르다.
골프건 테니스건 대개 얼마나 실수를 적게 했는가에 따라 승
패가 결정지어지는 패자의 게임(Loser's Game)이다. 찰스 엘리
스가 이야기한 것처럼 주식 투자 역시 패자의 게임이다. 일단
네트 너머로 공을 넘기는 데 최선을 다해야 하는 것이다. 그래
야 실수를 줄일 수 있다.

뛰기 전에 우선 걷는 법부터 배우라.
Learn to walk before you run.

목표 의식

Great minds have purposes; others have wishes.
위대한 투자자는 목표를 향하고 그렇지 못한 이는 바라기만 한다.

투자의 세계에서 성공하기 위해서는 부단한 노력과 오랜 단련이 필요하다. 어느 종목에 투자할지 현미경을 들여다보듯 찬찬히 조사해봐야 한다. 투자 대상 기업이 결정됐다면 해당 업종의 현재 업황과 그 기업이 업종 내에서 차지하고 있는 위치도 확인해야 한다. 해당 산업과 기업의 향후 전망도 따져봐야 하고, 재무상황을 체크하는 것은 필수다. 전문 애널리스트 수준은 아니더라도 어느 정도의 기업회계 지식을 갖고 있어야 한다. 이렇게 하려면 목표 의식이 있어야 한다. 그저 희망과 바램만 갖고는 오래 버티지 못한다.

❧

성공 투자에 지름길이란 없다.
There are no short cuts to successful investment.

신용 투자

It's only when the tide goes out that you learn who's been swimming naked.

썰물이 빠져나가고 나면 누가 발가벗고 수영했는지 알 수 있다.

워런 버핏이 한 말인데, 지나친 부채는 결국 파멸로 이어질 수 있다는 의미다. 자신이 보유한 자산보다 훨씬 많은 돈을 투자하는, 즉 신용 투자 비중이 높은 투자자는 시장이 급락하면 한 순간에 파산하고 만다. 주가가 곧 상승할 것이라는 나름대로의 합리적 기대에 근거해 주식을 매수했다 해도 시장은 이런 투자자의 지불 능력이 버텨낼 수 있는 한계보다 더 오래도록 비이성적으로 움직이곤 한다. 이런 재난을 피하려면 처음부터 조심하는 수밖에 없다. 버핏의 파트너인 찰리 멍거는 이렇게 말했다.

✺

워런과 나는 신용을 얻어 주식을 사는 데는 아주 겁쟁이였다.
Warren and I are chicken about buying stocks on margin.

한 걸음 떨어져서 보라

Bull markets are not generally recognized until they have run some distance.

강세장은 어느 정도 진행된 다음에야 비로소 알아차릴 수 있다.

선부른 장세 판단이 위험한 것은 이 때문이다. 강세장이 시작됐다고 처음 느꼈을 때는 일단 멀찌감치 떨어져서 바라봐야 한다. 서둘러 뛰어드는 것은 금물이다. 상승세를 타는 듯하던 시장이 갑자기 이전 저점 아래로 추락할 수 있다. 그러나 이보다 더 조심해야 할 것이 있다. 강세장은 늘 최후의 순간 엄청난 오버슈팅과 함께 막을 내린다. 따라서 강세장이 오래 이어질수록 더욱 조심스럽게 접근해야 한다. 칵테일 파티를 즐기듯이 계속되는 주가 상승에 취해버려서는 안 된다. 시장이 강할수록 한 걸음 떨어져서 보면 더 정확한 판단을 내릴 수 있다.

❧

구경꾼이 한 수 더 보는 법이다.

Looker-on see most of the game.

결과가 중요하다

You could have the dead right idea and lose money.
생각은 아주 정확했으나 손실을 볼 수 있다.

선물옵션을 거래해봤다면 틀림없이 이런 경험 몇 번씩 해봤을 것이다. 처음 생각했던 대로 시장이 움직였고 포지션도 실수 없이 잘 잡아뒀는데, 잠깐 매매 타이밍을 놓치는 바람에 순식간에 수익이 손실로 급변해버린 경우 말이다. 이 정도까지는 아니지만 현물 주식을 투자할 때도 조심해야 한다. 맨 처음 예상이 정확히 들어맞았다 하더라도 시장을 둘러싼 상황은 얼마든지 변할 수 있다. 장기적으로는 대세상승 기조가 분명하지만 언제든 단기적인 급락세가 출현할 수도 있다. 투자는 그 성과가 말해준다. 의도가 아무리 좋았다 하더라도 결과가 형편없으면 소용없다.

✤

마지막을 잘 살피라.
Look to the end.

생생한 경험

The only way to begin is to learn by doing.
무슨 일이든 처음에 해야 할 일은 경험을 통해 배우는 것이다.

투자를 하겠다고 마음먹었다면 주식시장에서 일어나는 모든 일들을 직접 겪어봐야 한다. 가상의 투자가 아니라 자신의 진짜 돈을 걸고서 매매해야 한다. 그래야 손실에 대한 공포와 더 많은 이익을 얻으려는 탐욕이 어떤 것인지 생생하게 경험해볼 수 있고, 자신의 판단이 틀렸을 때 시장이 매서운 회초리를 휘두르며 전해주는 가르침도 얻을 수 있다.

❧

실제 경험에서 얻은 지식이야말로 주식시장에서 수익을 얻는 비결이다.
손실을 보는 이유는 이런 지식이 없기 때문이다.
Knowledge born from actual experience is the answer to why one profits; lack of it is the reason one loses.

두 눈 크게 뜨고

Trade with your eyes open.
두 눈 크게 뜨고 거래하라.

맹목적인 주식 거래야말로 실패의 지름길이다. 그런데도 많은 투자자들이 감정에 사로잡혀 무작정 내지른다. 성공하는 트레이더는 시장을 있는 그대로 바라보는 데서 출발한다. 현실을 제대로 보아야만 건강한 삶을 살아갈 수 있는 것과 같은 이치다. 주가가 출렁거릴 때마다 일희일비하면서 감정의 롤러코스터를 탄다면 이미 현실을 똑바로 볼 수 없는 상태다. 냉정하게 자신을 다스릴 수 있어야 계좌를 안전하게 지켜낼 수 있다.

❧

감정이나 선입관에 사로잡혀 판단을 내려서는 안 된다.
Don't let emotion or prejudice warp your judgment.

잘 나갈 때 조심하라

When you win, don't get reckless.

수익이 났을 때 조심해야 한다.

주식시장에서 몇 번 수익을 거두면 우쭐한 마음에 사로잡히게 된다. 자신이 뭔가 특별한 재능이 있는 것 같고, 자기 생각대로만 하면 다 될 것처럼 느껴진다. 이제 시장이 어떻게 돌아가는지 신경 쓸 필요도 없이 내키는 대로 거래하게 된다. 이것이야말로 투자자가 늘 경계해야 할 아주 나쁜 습관이다. 투자 판단의 가장 기본적인 잣대는 시장에서 결정하는 가격이다. 지금 시장 상황이 어떤지 제대로 파악하지 않고 투자하는 것은 눈을 가린 채 카지노 도박을 하는 것이나 마찬가지다.

시장을 잘 읽고 자신을 다스리라.

Read the market and manage yourself.

시간 투자

Don't invest unless you have plenty of time to think about it.

투자하는 데 충분한 시간을 낼 수 없다면 투자하지 말라.

무슨 일을 하든 제대로 잘 해내려면 아주 많은 시간을 투자해야 한다. 그저 대충 할 바에는 아예 1초도 허비하지 않는 게 낫다. 주식 투자의 경우에는 더 말할 나위도 없다. 얼마나 많은 시간을 쏟아 부었는가에 따라 수익과 손실이 판가름 난다. 도저히 시간을 할애할 수 없다면 차라리 주식시장을 떠나거나 전문가가 자금을 관리해주는 펀드에 맡겨버리는 게 낫다. 시장을 바라보는 안목을 키우려면 반드시 매일 몇 시간씩 2~3년은 투자에 전념해봐야 한다.

❧

주식 투자자라면 반드시 시간을 쏟아야 한다.
One must devote time to investment.

집중과 분산

Selection of too many issues is a form of hedging
against ignorance.

너무 많은 종목을 보유하는 것은 무지에 대한 방어책일 뿐이다.

분산 투자를 한답시고 형편없는 종목들까지 포트폴리오에 편입한다거나, 자금 규모에 걸맞지 않게 온갖 업종의 주식에다 채권, 심지어 해외주식에까지 투자하기도 한다. 이건 스스로 무엇을 해야 할지 모른다는 사실을 자인하는 셈이다. 정말로 신중하게 투자하려면 냉정하게 선별한 소수 종목에만 투자해야 한다. 그래야 주의를 집중할 수 있고 엉뚱한 실수도 저지르지 않는다.

계란 전부를 한 바구니에 담은 뒤 그 바구니를 최선을 다해 지키는 게 가장 안전하다.

The greatest safety lies in putting all eggs in one basket and
watching the basket.

먼저 너 자신을 알라

It is as necessary to know how to read yourself as to know how to read the stock price.

주가를 읽어내는 방법을 아는 것만큼이나 자기 자신을 읽어내는
방법을 아는 것도 중요하다.

훌륭한 트레이더는 자기 자신을 철저히 파악하고 있다. 이들
은 현재 시장이 처해있는 기본적인 여건을 공부할 뿐만 아니
라 과거에 벌어졌던 사례와 대중들의 심리까지 늘 마음속에
담아둔다. 또한 자기 자신을 잘 알고 있기 때문에 스스로 빠
져들기 쉬운 인간적인 약점에도 대비한다. 자연스러운 감정이
나 행동에 일일이 화를 낼 필요는 없다. 결정적인 순간 감정에
휘둘려 무모하게 행동하지 않으면 된다. 주가를 읽어내는 방법
을 모르면 수익을 거둘 수 없다. 그러나 자기 자신을 읽어내는
방법을 모른다면 차라리 투자를 하지 않는 게 낫다.

❧

먼저 너 자신을 알라.
Know thyself.

일부는 남겨두라

Don't always be 100 percent invested.
항상 100% 자금을 투자하는 것은 금물이다.

아무리 노련한 투자자도 실수를 피할 수는 없다. 실수는 손실로 이어진다. 하지만 적은 손실로 그친다면 얼마든지 회복할 수 있다. 이것은 투자의 실패가 아니라 작전상의 후퇴라고 할 수 있다. 실수가 치명적인 손실로 이어지지 않으려면 늘 여유 자금을 갖고 있어야 한다. 그래야 보다 유연한 자세로 상황을 판단할 수 있다. 주식은 위험 자산이다. 가격 하락 리스크가 늘 따라다닌다. 이런 위험 자산에 가진 돈을 100% 다 투자했다면 초조해질 수밖에 없다. 그러다 실수를 저지르면 치명상을 입게 되는 것이다.

당신의 재산 중 일부만 투자하라.
Use only a part of your capital in investment.

실적이 가치다

If the business does well, the stock eventually follows.

기업이 잘 되면 결국 주식도 잘 되게 돼 있다.

주식을 사는 것은 곧 그 기업을 사는 것이다. 판매 마진이 높고, 자본 수익률이 뛰어나며, 재무구조가 우수한 기업을 골라야 한다. 제품 경쟁력이 탁월한지, 훌륭한 경영진이 이끌어가는지도 살펴봐야 한다. 주식 투자란 이처럼 기업 내용을 세밀하게 분석한 뒤 향후 수익률이 충분히 만족할 만한지 따져본 다음 결정해야 한다. 사업이 잘 되고 실적이 뛰어난 기업이라면 일시적으로 주가가 하락한다 해도 참고 기다릴 수 있다. 주가를 결정하는 것은 그 기업의 가치고, 가치는 기업 실적에서 나오기 때문이다.

실적이 곧 그 주식의 가치다.

Earnings give stocks their value.

작용과 반작용의 법칙

The bigger the advance, the bigger the reaction sooner or later.

상승이 클수록 조만간 닥칠 조정도 거셀 것이다.

작용과 반작용의 법칙은 주식시장에도 어김없이 통한다. 지금의 대세상승 흐름이 정말 강력하고 영원히 끝나지 않을 것 같다면 앞으로 닥쳐올 대세하락 흐름은 아주 깊고 오래도록 이어질 것이다. 마찬가지로 심각한 패닉이 휩쓸고 지나갔다면 조만간 찾아올 반등 역시 상당히 강력할 것이다. 주식 투자는 지금 당장이 아니라 앞을 내다보는 것이다. 시장을 둘러싼 여건은 끊임없이 변해간다. 현재의 상황이 언제까지나 계속될 것이라고 생각해서는 안 된다. 섣부른 낙관도 성급한 비관도 금물이다.

얻는 것이 있으면 잃는 것도 있는 법이다.
You win some, you lose some.

You can't save and consume. It's an unfortunate law of economics.

소비를 하면서 저축할 수는 없다. 그게 경제학의 슬픈 법칙이다.

카드를 마구 긁어대는 부자는 없다. 진짜 부자일수록 꼭 필요한 데만 돈을 쓴다. 낭비하지 않는다는 말이다. 그래야 저축할 수 있고, 저축을 해야 투자도 할 수 있다. 부는 그렇게 만들어가는 것이다. 어느 정도 재산이 모이면 좀더 편안한 마음으로 투자할 수 있다. 저축도 하지 않으면서 단기간에 부자가 되려고 하면 자연히 대박을 노리게 된다. 그럴 때 자신도 모르게 엉뚱한 실수를 저지르는 것이다. 투자는 멀리 내다보고 해야 한다. 조급해지면 좋은 성과를 거둘 수 없다.

많이 저축할수록 투자 성과도 좋아진다.

Save as much as you can, and your investments will do better.

투자자의 의무

Do not pick stocks unless you are following stocks regularly.

정기적으로 주식을 살펴볼 수 없다면 아예 건드리지 말라.

주식시장이 지금 어떻게 돌아가는지, 또 내가 주식을 매수한 기업에 어떤 일이 벌어지고 있는지 늘 공부해야 한다. 그게 투자자의 의무다. 적어도 일주일에 몇 시간 정도는 자신이 현재 처해 있는 투자 환경을 돌아보고 포트폴리오를 점검해봐야 한다. 주식을 매수한 다음 무조건 묻어두는 것은 투자가 아니다. 그건 방치하는 것이다. 주식 투자로 돈을 벌려면 한 번이 아니라 두 번 잘 해야 한다. 잘 사야 하고 잘 팔아야 한다. 그만큼 어려운 것이다. 무슨 일을 하든 훌륭한 성과를 거두려면 그에 상응하는 희생을 각오해야 한다.

❧

달걀을 깨지 않고서는 오믈렛을 만들 수 없다.
You can't make an omelet without breaking eggs.

팩트에 집중하라

As an investor you must dig very deep into the facts.

투자자라면 팩트를 물고늘어져야 한다.

귀가 솔깃해지는 대규모 수주설이나 가슴 철렁한 계열사 부도설 따위로 주가가 출렁였던 경우를 많이들 당해봤을 것이다. 그러나 설은 대개 설로 끝나게 마련이다. 요즘은 정보가 넘쳐날 뿐만 아니라 총알처럼 빠르게 퍼져나가는 세상이다. 워낙 많은 정보가 생산되다 보니 온갖 루머와 미확인 뉴스까지 함께 섞여 그럴듯하게 가공돼 돌아다닌다. 그럴수록 팩트를 구분해내고 팩트에 집중하는 안목이 필요하다. 결국 주가를 결정짓는 것은 팩트기 때문이다. 정확한 팩트를 파악해야 자신감을 가질 수 있다.

무엇보다 먼저 팩트를 수집해야 한다.
You have to get the facts first.

용기 있는 자만이

If you go with the consensus, your performance will be consensus.

시장의 일반적인 정서를 따라가면 수익률도 그저 그런 수준이 될 것이다.

남들보다 뛰어난 성과를 거두기 위해서는 역발상 기질을 가져야 한다. 남들과 다른 시각으로 바라보고, 누구나 받아들이는 상식에 도전하고, 자기만족을 과감히 뒤집어버릴 수 있어야 지금 시장의 모순된 점을 발견할 수 있다. 기회는 거기서 나오는 것이다. 어느 기업의 주가가 아주 쌀 때 매수하려면 시장의 정서에 역행해야 한다. 주가가 싼 이유는 많은 사람들이 그 종목은 앞으로도 쌀 것이라고 믿기 때문이다. 이런 종목을 과감히 매수하기란 말처럼 쉽지 않다. 그럴 때일수록 새로운 시각으로 바라봐야 한다.

용기 있는 자만이 미인을 얻는다.
Faint heart never won fair lady.

여유

In times of crisis money moves from weak hands to strong hands.

시장이 위기에 처했을 때 돈은 마음 약한 투자자로부터 인내심 강한
투자자로 옮겨간다.

주식시장에서 성공의 열쇠는 장기 투자에 달려있다. 안달복달
하지 않고 느긋하게 오랫동안 보유하는 투자자만이 남들보다
월등한 수익률을 올릴 수 있다. 주가가 크게 출렁일 때면 롤
러코스터를 탄 것처럼 현기증을 느끼기도 하지만 시장은 때
로 진을 뺄 정도로 지루하기도 하고 한없이 인내심을 시험하
기도 한다. 중요한 것은 시장의 움직임에 너무 예민하게 반응
하지 않는 것이다. 주가 등락을 아예 무시해버리는 것도 어리
석지만 지나치게 영향을 받는 건 더 큰 문제다. 매일같이 자
기가 보유한 주식을 두려운 마음으로 바라볼 필요는 없다. 여
유를 가지라.

❧

기다릴 수 있어야 얻을 수 있다.
He that can stay, obtains.

이상 과열

The market can stay irrational longer than you can stay solvent.

시장의 비이성적인 상황은 견딜 수 없을 만큼 오래도록 이어질 수 있다.

앨런 그린스펀이 주식시장의 이상 과열(irrational exuberance)을 처음 언급한 것은 미국 연방준비제도이사회(FRB) 의장으로 있던 1996년 12월 5일이었다. 그의 발언이 알려지자 미국 주식시장은 잠깐 주춤했지만 곧바로 회복해 기나긴 강세장을 다시 이어갔다. 그리고 알다시피 2000년 봄 기술주 거품이 정점에 달할 때까지 시장은 오르고 또 오르기만 했다. 주식시장은 과도하게 평가될 수 있고, 이런 고평가 혹은 저평가 상태가 몇 년씩 지속될 수 있다. 섣불리 시장의 잘못된 평가에 맞서려 하지 말라.

❧

강세장은 얼마든지 연장될 수 있다.
Bull markets come in all lengths.

희생양

**When enough investors find themselves shorn,
scapegoats will be sought.**

많은 투자자들이 큰 손해를 보게 되면 반드시 희생양을 찾게 돼있다.

주식시장의 거품이 꺼지고 주가가 곤두박질치면 사람들은 어디선가 그 이유를 찾아낸다. 평상시 같으면 아무런 관심도 두지 않았을 사소한 비리를 심각한 범죄 행위로 공격한다. 약세에 베팅하는 공매도 세력을 비난하기도 한다. 그러나 주가 움직임은 상대적이다. 매도자가 있으면 매수자가 있게 마련이다. 약세 투기자가 마냥 주가를 끌어내릴 수는 없다. 공매도로 수익을 노리는 세력의 반대편에는 매집으로 수익을 챙기려는 세력이 있다. 주가가 지속적으로 하락하는 건 시장의 수급이나 기업 실적에 문제가 있다는 말이다.

❧

약세 투기자들의 공세 때문에 하락하는 게 아니다.
The real reason for a protracted decline is never bear raiding.

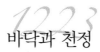

바닥과 천정

**Stocks always look worst at the bottom of a bear
market and look best at the top of a bull market.**

주식이란 약세장의 바닥에서는 최악으로 보이고 강세장의 천정에서는
최고로 보인다.

그래서 비관적인 분위기가 최고조에 달했을 때 매수하고 모
두가 낙관할 때 매도하라는 것인데, 이게 말처럼 쉽지가 않다.
시장이 최악으로 보이는데 누가 섣불리 주식을 사겠는가? 온
통 장밋빛 전망뿐인데 어떻게 보유 주식을 팔아버리겠는가?
이럴 때 필요한 게 바로 용기다. 한치 앞도 안 보여 모두가 움
츠러들 때 용기를 내서 매수하고, 너무나 좋아 보여 모두가 웃
을 때 과감히 매도하는 것이다. 남들 하듯이 따라 해서는 결
코 훌륭한 성과를 얻을 수 없다.

☙

신념대로 밀고 나가려면 대단한 용기가 필요하다.
Do not underestimate of courage it takes to act on your belief.

주가 아저씨

Mr. Market is your servant, not your guide.
미스터 마켓은 당신의 가이드가 아니라 하인일 뿐이다.

미스터 마켓, 일명 "주가 아저씨"는 가치 투자의 아버지로 불리는 벤저민 그레이엄이 주식시장의 예측할 수 없는 움직임을 설명하기 위해 제시한 개념이다. 미스터 마켓은 매일같이 자기가 팔고 싶은 주식과 사고 싶은 주식의 가격을 제시한다. 그 가격이 적정하든 말든, 당신이 그 가격을 받아들이든 말든 관계없이 미스터 마켓의 가격 제시는 오늘도 내일도 이어진다. 미스터 마켓이 이렇게 하는 이유는 당신을 올바른 길로 안내하려는 게 아니라 그저 당신이 편하게 거래할 수 있도록 도와주려는 것뿐이다. 미스터 마켓을 예측하려 들지 말라.

내일의 주가를 가늠하는 최선의 예측치는 바로 오늘의 주가다.
The best estimate of tomorrow's price is today's price.

기다리라 그러면

One of the essential qualifications of the successful investor is patience.

인내야말로 성공하는 투자자가 반드시 갖춰야 할 중요한 자질이다.

성공 투자의 첫째 덕목은 인내다. 대부분의 투자자들은 수익이 나면 서둘러 팔아 치운 다음 뒤늦게 후회한다. 두말할 필요도 없이 인내심이 부족하기 때문이다. 주식시장에서 높은 수익률을 올리려면 대세상승이 이어지는 동안 계속 자리를 지켜야 한다. 강세장은 어느 날 갑자기 시작되지도 않지만 하루아침에 끝나지도 않는다. 시장이 마침내 방향을 트는 지점에 다다를 때까지는 꾹 참고 기다릴 줄 알아야 한다. 인내심을 잃고 이런 결정적인 분기점을 놓치면 절대 훌륭한 성과를 거둘 수 없다.

기다리라, 그러면 시장이 신호를 줄 것이다.
Sit tight and the market give you in due time the signal.

틀렸을 때는

Successful investors are marked by their flexibility.
성공하는 투자자들은 하나같이 유연하다.

틀렸는데도 쓸데없이 고집을 피우는 것만큼 어리석은 일도 없다. 자기 주장이 너무 강한 투자자는 자칫 혹독한 대가를 치를 수 있다. 자신이 틀렸을 때는 과감히 물러설 줄 알아야 한다. 설사 이유가 정확히 밝혀지지 않았다 하더라도 시장이 당초 예상과 달리 흘러간다면 일단 빠져 나오거나 투자 규모를 줄이는 게 현명하다. 주식 투자의 90%는 리스크 관리를 얼마나 잘 하느냐에 달려있다. 누구나 손실을 입을 수 있다. 그러나 최악의 경우에도 치명상을 입어서는 안 된다. 그래야 후일을 기약할 수 있다. 기회는 언제든 다시 잡을 수 있다.

❧

틀렸을 때는 인정할 줄 알아야 한다.
Be able to admit when you wrong.

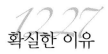

확실한 이유

Be sure you have a good reason for any trade you make.
확실한 투자 이유를 갖고 거래하라.

왠지 오를 것 같아서 혹은 다들 좋은 종목이라고 하니까, 이런 이유로 주식을 매수해서도 안 될 것이고, 단지 너무 많이 올랐다거나 괜히 불안하다는 이유로 주식을 매도해서도 안 될 것이다. 경험 많은 투자자일수록 충분한 이유를 갖고 매매한다. 마젤란펀드로 유명한 피터 린치의 투자 원칙 가운데 이런게 있다. "내가 그 주식을 보유해야 하는 이유를 네 문장으로 요약할 수 없다면 나는 그 주식을 보유하지 않을 것이다." 두루뭉실한 이유가 아니라 분명한 계획에 따른 매수 및 매도가 필요하다는 말이다.

내가 왜 이 거래를 하는지 알아야 한다.
Know why you get into the trade.

토끼와 사냥개

No speculator ever amassed a fortune while following
the principle of diversification.

분산 투자의 원칙을 따르면서 큰돈을 번 투기자는 없다.

분산 투자를 그토록 강조하는 이유는 투자 리스크를 상당 부분 줄여주기 때문이다. 일종의 보험인 셈인데, 보수적인 투자자일수록 리스크를 최소화하기 위해 광범위하게 분산 투자를 한다. 하지만 공격적인 투자자는 수익률을 높이기 위해 기꺼이 분산 투자를 포기한다. 더 높은 수익률의 대가로 더 큰 리스크를 부담하는 것이다. 분산 투자는 리스크는 줄여주지만 그 대가로 잠재적인 수익률을 희생시킨다.

❧

토끼하고 같이 달아나면서 사냥개와 함께 사냥할 수는 없는 노릇이다.
You cannot run with the hare and hunt with hounds.

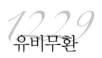

유비무환

Provide for the worst; the best will take care of itself.

최악의 상황을 대비하라. 최선의 상황은 그냥 놔둬도 잘 된다.

프로와 아마추어 투자자의 수익률 차이가 극명하게 벌어지는 것은 시장이 나쁠 때다. 대부분의 종목이 상승세를 타는 강세장에서는 리스크 관리를 제대로 하지 않아도 괜찮은 수익률을 올릴 수 있다. 그러나 시장이 급락하거나 돌발 악재가 연달아 발생하면 초보 투자자들은 당황해서 어쩔 줄 모른다. 그러나 프로들은 다르다. 늘 대비해왔기 때문에 상황이 아무리 나쁘고 급변하더라도 큰 타격을 입지 않고 빠져나올 수 있다. 유비무환(有備無患)이라고 했다.

≈

낙관주의자가 되는 것은 좋은 일이지만 만약의 사태에는 대비하고 있어야 한다.

It's right to be an optimist, but be prepared for the worst.

열정

Money alone is not enough.

돈을 버는 것만으로는 충분치 않다.

투자를 하는 첫째 목적은 돈을 벌기 위해서다. 하지만 그것이 전부라면 투자의 세계에서 오래 견뎌내기 힘들다. 때로는 손실도 감수해야 하고 한없이 지루한 장세를 그저 지켜봐야 할 때도 있다. 이런 시기를 웃으며 넘길 수 있어야 훌륭한 성과를 거둘 수 있다. 무슨 일이든 진실로 성공하기 위해서는 자신이 하는 일을 사랑하고, 그 일을 하는 데 열정을 가져야 한다. 만일 당신이 아침에 일어났는데 직장에 나가 일을 하고 싶지 않다면 지금 당신은 직업을 잘못 선택한 것이다. 투자도 똑같다.

✦

투자라는 게임 그 자체에서 보상을 얻어야 한다.

Playing the game has to be its own reward.

버스는 다시 온다

Don't worry over the profits you might have made.

아깝게 놓쳐버린 수익에 연연해하지 말라.

아까운 기회를 놓쳐버렸다고 한탄하거나 아쉬워할 필요는 없다. 그건 버스가 떠나버렸다고 슬퍼하는 것이나 마찬가지다. 늘 그랬듯이 다시 또 기다리면 저 멀리서 다음 버스가 나타날 것이다. 그때 생각해보면 얼마나 우스울 것인가. 조금 전까지도 버스가 오지 않을 것이라고 그리도 아파했으니 말이다. 좋은 기회를 한번 놓쳤다고 해서 세상이 끝나는 건 아니다. 세상에 할 일은 많고 기회는 넘쳐난다. 문제는 매일같이 수익을 올리겠다고 욕심을 부리는 것이다. 어느 곳에서도 그렇게 할 수는 없다. 참고 기다리면 기회는 반드시 또 나타난다.

언제든 기회는 무궁무진하다.

There are ample opportunities all the time.

세상사가 대개 그렇듯 이 책《월가의 지혜 투자의 격언 365》역시 처음 출발은 우연한 것이었다. 문득 투자의 세계에서 통용되는 지혜의 말들을 모아보는 게 어떨까 싶었다. 금융시장에 널리 퍼져 있는 속담이나 금언, 그리고 소위 '월가의 그루'들이 금과옥조처럼 여기는 상식과 경계의 글귀까지 책 한 권에 다 담아낸 그런 책을 만들고 싶었다.

그러고 보니 이미 한참 전부터 모아놓고 있었다. 오래된 수첩부터 다이어리, 노트북의 오래된 파일 곳곳에 제대로 정리가 되지 않았을 뿐 꽤 많은 보물들이 숨어 있었다. 신문기자 시절부터 수집하기 시작한 주식시장의 경구(警句)가 줄잡아 수백 개를 헤아렸고, 전설적인 투자자로 불리는 인물들의 저서와 어록에서 뽑아낸 촌철살인의 구절들이 또 그만큼 쌓여 있었다. 하긴 〈월가를 움직이는 100인〉이라는 제목의 기사를 연재하기 시작한 게 지난 2000년이었고, 필립 피셔의《위대한 기업에 투자하라》같은 월가의 빼어난 저작들을 투자의 고전 시리즈로 처음 번역해서 출간한 게 2005년이었으니그럴 만도 했다.

그러나 "구슬이 서 말이라도 꿰어야 보배"라는 우리 옛말처럼 다시 선별하고 다듬고 해설을 덧붙이는 작업이 만만치 않았다. 그렇게 뭔가 작품을 만들어내기 위해 지난 2년간의 세월을 더했고, 지금도 지혜의 말들을 수집하는 일을 계속하고 있다.

《월가의 지혜 투자의 격언 365》를 처음 기획할 때의 의도는 적어도 하루에 한 번쯤은 이 책을 읽고 시장과 자신을 되돌아볼 수 있다면 충분하다는 것이었다. 한시도 가만 있지 않고 오르내리는 주가의 등락이나 늘 이리저리 몰려다니는 군중의 흐름에 휩쓸리지 않아야, 또 자기도 모르게 빠져드는 두려움과 탐욕에 사로잡히지 않아야 제대로 투자를 할 수 있다. 그런 점에서 이 작은 책 한 권을 컴퓨터 모니터 옆에 두고 틈날 때마다 들춰보면 좋을 것이다.

그러나 컴퓨터를 끈 채로 그냥 조용히 읽어보는 것도 괜찮을 것이다. 짤막한 격언 하나에 담겨 있을 수많은 선인(先人)들의 궤적을 따라가보면서 말이다. 이런 경구가 왜 만들어졌는지 떠올려보라. 얼마나 많은 투자자들이 얼마나 많은 실수를 저질렀을 것이며, 이들이 뒤늦게 땅을 치고 통탄해야 했던 이유는 무엇이었겠는가? 그러면 들릴 것이다. 그것이 바로 우리 인간의 본성임을.

이렇게 격언 하나하나를 대화하듯이 읽어가다 보면 나 자신을 알아가게 되는 것이다. 굳이 주식 투자와 연관시키지 않아도 이 책에 실린 경구들은 먼저 살다 간 인생 선배들의 가르침이고, 뼈아픈 실패의 경험에서 우러나온 세상살이의 교훈들이다.

읽다 보면 언뜻 모순돼 보이는 격언들도 눈에 띨 것이다. 가령 "달걀을 전부 한 바구니에 담지 말라"는 격언이 있는가 하면 "달걀을 한 바구니에 담아 예의주시하라"는 것도 있다. 하지만 그 숨은 의미를 잘 음미해 보면 각각의 격언이 전해주고자 하는 귀중한 메시지를 느낄 수 있을 것이다. 단순히 분산투자가 필요하다고 해서 무조건 따라 할 것이 아니라 왜 그렇게 해야 하는지를 아는 게 더 중요하다는 말이다. 물론 이런 의미까지 잡아내고 그것을 활용하는 건 독자들의 몫이지만, 혹시 조금이라도 도움이 될 수 있을까 하여 몇 줄 해설을 덧붙였다.

그런가 하면 말로는 하기 쉬워도 실행하기는 참으로 어려운 격언들도 많이 발견할 것이다. "남들이 두려워할 때 욕심을 부리고 남들이 욕심을 부릴 때 두려워하라"든가 "이익은 커가도록 놔두고 손실은 무조건 잘라내라"는 것들이 그렇다. 특히 인간 본성의 약점을 파고드는 여러 경구들, 가령 "사람들은 과거에 자신이 저질렀던 실수를 미래에도 되풀이할 것이다" 같은 문장은 늘 마음속에 담아두는 게 좋다. 사실 투자의 격언들 대부분이 이 문장을 전제로 해서 만들어진 것이다.

이 책은 편의상 매일 격언 하나씩을 읽을 수 있도록 엮었다. 그래서 맨 위에 날짜를 표시해두었지만 굳이 날짜 순으로 읽어야 할 필요는 없다. 그저 읽고 싶은 대로 읽으면 된다. 중요한 것은 날짜가 아니라 얼마나 마음속 깊숙이 담아두느냐다. 그리고 자꾸 읽다 보면 마치 인삼뿌리처럼 처음에는 쓸지도 모르나 씹을수록 단맛이 우러날 것이다.

마지막으로 첨언하자면, 이 책을 쓰면서 맨 처음 했던 일은 혹시 이런 책이 이전에 나왔었는지 찾아보는 것이었다. 그런데 국내는 물론이고 월가가 있는 미국에서도 출간된 적이 없었고 이런 종류의 책을 특히 선호하는 일본에서도 나온 적이 없었다. 내가 첫 시도라는 점은 환영할 만했지만 참고할 책이 하나도 없다는 것은 그만큼 작업이 힘들 것이라는 의미였다. 다행히 부족한 내용이나마 겨우 마무리해 세상 빛을 보게 됐다.

2014년 봄
박정태

이 책을 쓴 박정태는 15년간 신문기자로 일했으며 현재 경제 칼럼니스트 겸 전문 번역가로 활동 중이다. 저서로 《찰스 다우 연구》《아시아 경제위기 1997~1998》이 있고, 옮긴 책으로 《존 템플턴의 영혼이 있는 투자》《어드벤처 캐피탈리스트》《위 대한 기업에 투자하라》《제시 리버모어의 회상》《주가의 흐름》등 20여 권이 있다.

월가의 지혜
투자의 격언
365
The Wisdom of Wall Street

1판 1쇄 펴낸날 2014년 4월 15일
1판 2쇄 펴낸날 2022년 9월 25일

지은이 박정태
펴낸이 서정예
펴낸곳 굿모닝북스

등록 제2002-27호
주소 (10364) 경기도 고양시 일산동구 호수로 672 804호
전화 031-819-2569
FAX 031-819-2568
e-mail goodbook2002@daum.net

가격 14,800원
ISBN 978-89-91378-28-5 03320